Quilômetro **Zero**

Danillo Almeida

Capítulos

Acomode-se e dê a partida

Um grande motivo de alegria que tenho é poder dizer que o meu gosto por automóveis me aproximou e me aproxima de muitas pessoas. Isso acontece porque ele é uma dimensão da minha vida, uma parte do que sou. Ao longo dos anos, a interação com tais pessoas me trouxe uma amostra de como a sociedade em geral vê os carros no dia-a-dia. Pude dividir essa amostra em três grandes grupos.

Um desses grupos é o dos entusiastas, ou seja, quem se interessa por carros tanto quanto eu. São pessoas que acompanham suas novidades sempre que possível e, por isso, geralmente têm opinião formada sobre muitos tópicos. Outro é o oposto: pessoas indiferentes aos carros, que os veem como produtos meramente dedicados à locomoção. Estas pessoas costumam se informar sobre eles apenas nos momentos em que vão comprar um ou realizar manutenção.

Pode-se afirmar que o terceiro grupo se encaixa no meio daqueles. Ele é o maior de todos e pode se definir como daquelas pessoas que apreciam automóveis mas ainda não os conhecem como teriam vontade. Eu já conheci pessoas deste grupo em meio a família, amigos e conhecidos e sei que ainda conhecerei mais. Este livro foi pensado em grande parte para ajudá-los a investir nesse interesse.

Muitas pessoas pensam que entender de carro necessariamente implica conhecer minúcias de física, química, mecânica e eletrônica incluindo toda a parte de cálculos. Afinal, todo modelo de carro vem de projetos minuciosamente calculados sob todos os aspectos possíveis – isso é praticamente uma condição necessária para que eles tenham pelo menos uma chance justa de prosperar no mercado.

Todas essas disciplinas são muito importantes, é claro, mas não são tudo o que compõe um carro. Hoje em dia, carros são membros da sociedade; são projetados de acordo com os desejos da população local e, em certa medida, influenciam os novos desejos que ela terá. Graças a isso, áreas de conhecimento como marketing, sociologia e psicologia também são de interesse para projetar carros.

A inserção do carro na sociedade também implica interação com o governo do país, com regulações de comércio exterior, com a flutuação da economia, e eventualidades como a crise do petróleo dos anos 1970 ou a crise de saúde de 2020. Sendo assim, não se deve desprezar o conhecimento em áreas como economia, política, geografia e até mesmo saúde na hora de desenvolver um automóvel.

Tudo isso torna o automóvel complexo sob vários pontos de vista objetivos e subjetivos. Entretanto, assuntos como a parte de cálculo e a estratégia de mercado são uma ocupação do fabricante, daquele que desenha e produz. Já as minúcias culturais, históricas e sociais do carro costumam ficar relegadas à imprensa especializada. O público geral pode entender de carros de uma maneira particular.

Público consumidor é aquele que já tem carro ou pretende comprá-lo em breve. Essas pessoas o veem do outro lado, ou seja, com interesse no assunto em geral mas também com a necessidade de escolher um só modelo. Além disso, veem informações sobre carros o tempo todo, seja nas propagandas dos fabricantes ou nos artigos da imprensa especializada. É preciso saber lidar com tudo isso.

Propagandas sempre vão mostrar o carro de maneiras positivas, exaltando várias qualidades, então não representam tudo o que ele pode ser para o usuário. O atendimento nas concessionárias esclarece muitas dúvidas, mas também é focado em conduzir à compra. Os artigos da imprensa, por sua vez, ensinam muito mas requerem um nível de conhecimento prévio que nem todo consumidor tem.

Em paralelo, o consumidor típico está rodeado de outros consumidores, seja na família, no trabalho ou entre os amigos – é o caso das pessoas que eu conheci. Ele assiste as propagandas, consome informação da mídia e participa de rodas de conversa. Sendo assim, ele não só constrói seus próprios conceitos sobre automóveis como os expõe a debate com vários outros consumidores o tempo todo.

Compartilhar ideias é bom sempre e quando se faz de maneiras construtivas, ou seja, quando almeja somar informações e investigar quais são verdadeiras. Entretanto, infelizmente nem sempre é isso o que acontece na prática: às vezes, tais interações acabam difundindo afirmações sem comprovação ou mesmo infundadas ou, principalmente, opiniões pessoais como se fossem verdades gerais.

Carros são produtos de preço elevado e que fazem parte do cotidiano dos donos, portanto é natural que eles pensem muitas vezes antes, durante e depois de tomar qualquer decisão. Essa difusão de informações "na boca do povo" é prejudicial porque conduz as pessoas a formar opiniões fortes ainda que tenham justificativa pobre. É assim que se formam os preconceitos a favor e contra um carro.

Esse assunto é delicado porque fecha a mentalidade do público; incentiva-o a favorecer tal marca ou tal modelo mesmo que nem os satisfaça e gera resistência contra outras marcas e outros modelos mesmo antes de o público conhecê-los de fato e experimentar o que têm a oferecer. O mercado de um país se torna dominado por alguns fabricantes e começa a praticamente hostilizar todos os demais.

Este livro é focado no consumidor dos carros e procura empoderá-lo. Procura valorizar sua importância como participante do mercado e como cliente da indústria através de incentivá-lo a buscar mais informação e a verificar as fontes do que busca. É o melhor recurso do qual dispõe para compreender as opções que o mercado oferece e selecionar aquela que entrega, de fato, o que está procurando.

Os capítulos a seguir mostram vários aspectos do que configura um carro moderno. Design, equipamentos, mecânica, performance, tudo apresentado em textos curtos e de linguagem simples de modo a tornar o conhecimento acessível sem muito conhecimento prévio. Você, leitor(a), pode até escolher se deseja ler os capítulos na ordem mostrada no índice ou selecionar um tema aleatório a cada dia.

Com esta leitura, pretendo ajudar você a não só compreender os carros um pouco melhor como também a usar melhor a informação que lhe rodeia. Ver termos como central de entretenimento, partida sem chave, hatchback ou motor turbo e entender o que representam por conta própria, antes de interagir com as pessoas próximas, para não se arriscar a cair naquelas afirmações de justificativa pobre.

Espero que este livro proporcione uma leitura prazerosa para lhe ajudar a escolher seu próximo carro ou, pelo menos, estimular-lhe a continar pesquisando e aprendendo sobre um ramo da indústria que acumula uma história tão rica detalhes e fascina tantas pessoas.

Danillo Almeida

Os mais variados tipos de
Carroceria
Nomes como hatch, minivan, picape e o mais
novo SUV já não serão motivos de confusão

Uma maneira simples de diferenciar carros é pelo desenho externo. Com o passar do tempo, o mercado se mostrou particularmente favorável a algumas das tantas ideias apresentadas e elas viraram as categorias que são vistas aqui.

As diferenças de carroceria são feitas no design externo mas implicam alterações na cabine. O resultado prático disso é que cada estilo de carroceria resulta atraente para um tipo de consumidor em particular.

Quando a indústria notou essa relação, o desenvolvimento desse componente disparou. A princípio, buscava-se aproximar cada tipo a um público-alvo. Mais tarde, passou-se a projetar carrocerias novas primeiro para atrair novos clientes depois.

A variedade de hoje é resultado da convivência dessas duas linhas de pensamento. Carros inovadores são interessantes, mas os convencionais também agradam porque têm um retorno de mercado garantido.

Em vez de somente listar carrocerias, este capítulo as agrupa por origem. Mostra uma categoria das mais tradicionais, como a hatchback, e seu texto separa as variantes dela que foram surgindo posteriormente.

Deve-se ressaltar que essa divisão não é formal. Há definições mais fortes que outras e isso depende de fabricante, região e época. Este livro se limita aos termos mais vistos nas publicações especializadas.

Conversíveis

Seja em sucessões de presidente, passeios à beira da praia ou finais felizes de filmes, os escolhidos quase sempre são exemplares deste segmento. Uns modelos de conversível são mais voltados ao luxo e outros à esportividade, mas em todos os casos a característica dominante é a mesma: o charme da ausência de teto.

Embora o termo "conversível" seja correto, é uma maneira genérica de mencionar os carros que têm essa carroceria. Suas qualidades têm atraído tantos fabricantes nos últimos tempos que ela já ganhou várias ramificações. Assim, o gesto de dirigir sentindo o vento no rosto vem se tornando cada vez mais acessível.

A divisão mais famosa desses carros se chama cabriolet. Ela tem carroceria aberta com cobertura rígida ou de tecido e nenhum outro grande aspecto distintivo. Na prática, alguns exemplares associam o conceito à esportividade, outros ao requinte, e outros o usam de forma pura. Neste último, podem até satisfazer as necessidades de uma família pequena, sem tanto viés emocional. Um exemplo de cabriolet é o BMW Série 4 que é mostrado na imagem superior.

Passar ao roadster resulta interessante porque é praticamente seu oposto. A concepção geral é quase a mesma, mas ganha destaque pelo fato de receber uma série de adaptações voltadas ao lado emocional. O modelo se torna praticamente uma versão sem-teto dos cupês, estes sempre tão famosos pelo desempenho. O Mazda MX-5, da segunda foto, é um exemplo de roadster compacto.

As diferenças começam no estilo externo: capô baixo e longo, caixas de rodas abauladas especialmente na traseira, vincos agressivos e tamanho geral mais curto. Tudo para reforçar a ideia de esportividade. Outra diferença clara é o número de ocupantes: um cabriolet quase sempre conta com banco traseiro para dois enquanto o roadster leva somente duas pessoas em total.

Por dentro, roadsters são mais enfocados na ergonomia (especialmente para o motorista) do que no luxo e, é claro, têm conjunto mecânico à altura. Há muitos exemplares tanto da escola norteamericana, que tem dimensões gerais mais avantajadas, como da europeia, que inclui o Fiat 124 Spider da imagem e tem tamanho menor e concepção mais simples e racional.

Caso à parte são roadsters superesportivos, vindos de empresas como Lamborghini e McLaren. Neles, os trabalhos com o comportamento dinâmico implica uma série de alterações que, não raro, distanciam o estilo do que se tem como padrão para esse tipo de carro. Um exemplo é o Porsche 718 Boxster da terceira foto.

As próximas variações da carroceria conversível têm diferenças mais notáveis entre si. Embora os conversíveis tradicionais sempre tenham gozado de ampla popularidade, a construção sofisticada eleva os seus preços e a baixa praticidade no uso diário reduz seu público-alvo. Assim, os elogios que eles recebem acabam não se convertendo totalmente em unidades vendidas.

Para reverter isso, a indústria criou soluções alternativas que pudessem associar as qualidades gerais dos conversíveis a preços mais acessíveis. Dentre os resultados que esse trabalho gerou ao longo dos anos, os seguintes obtiveram a melhor receptividade tanto dos consumidores como da imprensa especializada.

A maior razão pela qual construir conversíveis é caro é a necessidade de reforçar a estrutura. A falta do teto aumenta a vulnerabilidade a eventos como vento lateral intenso ou mesmo capotamento, então, para se alcançar níveis de segurança comparáveis aos das outras categorias, os conversíveis requerem aumentar a resistência das partes restantes que formam sua carroceria.

Estes trabalhos alternativos com a carroceria conversível ganharam força porque evitam a necessidade de todo esse reforço estrutural e, assim, promovem uma redução expressiva no preço final em relação aos tradicionais. Dois exemplos disso são os conversíveis targa e de teto T, cuja característica de desenho externo mais notável é usar a parte traseira fechada como nos cupès.

Basicamente, a única parte dessas carrocerias que realmente pode ser removida fica localizada imediatamente acima dos dois ocupantes. As estruturas que permanecem fixas fornecem dois arcos de resistência, sendo um a moldura do parabrisa e o outro localizado atrás dos bancos. Com isso, esses conversíveis minimizam os problemas de rigidez estrutural já mencionados.

A maior diferença entre as duas é uma barra longitudinal que liga esses dois arcos de resistência e forma o teto T. Como é fixa, o carro traz duas partes do teto removíveis situadas cada uma logo acima de um dos ocupantes. Essa solução já foi utilizada em desde o japonês Datsun 280 ZX T-Roof até o brasileiro Miura X8 Targa, passando pelo Ford Mustang T-Roof da quarta imagem.

Como os targa não têm essa barra, as empresas podem usar a criatividade um pouco mais na hora de projetar a carroceria. Há modelos que foram adaptados a esse estilo só removendo parte do teto, outros que receberam porção traseira toda nova, e já foram desenvolvidos vários sistemas de abertura - o teto da Ferrari 575 Superamerica, por exemplo, gira para trás, enquanto o Porsche 911 Targa esconde o seu debaixo do vidro traseiro.

Nos últimos anos, tal empenho em aproximar os conversíveis de mais gente gerou mais um nicho de mercado: carros que usam teto solar panorâmico. Neste caso, a parte móvel do teto convencional se abre no sentido longitudinal para preservar as estruturas laterais da carroceria por inteiro; em alguns carros, ela é somente uma placa de vidro, sequer sem esse tipo de mobilidade.

O teto solar panorâmico é mais extenso que o convencional, podendo chegar até acima dos bancos dianteiros, até acima dos traseiros ou até a base do vidro traseiro. Os dois primeiros costumam utilizar uma placa de vidro deslizante ao passo que o terceiro usa uma cobertura de tecido que desliza sobre trilhos.

Este último aparece em carros como DS 3 Cabrio e Fiat 500C e se abre em várias posições, sempre com comando elétrico. Em todos os casos, a diferença de preço em relação às versões convencionais resulta muito menor do que se o fabricante tivesse investido em um conversível de concepção tradicional.

Esta variedade de carros conversíveis trouxe dois efeitos positivos até então tidos como mutuamente exclusivos: as variações novas tornaram a condução a céu aberto mais acessível, mas também evitaram que o modelo "à moda antiga" tivesse sua imagem banalizada pela aparição excessiva nas cidades.

374 UGT
VAT 500
1MA·1HC

Cupês

Derivado da expressão francesa para "cortado", o nome da categoria antecipa o caráter destes veículos em seus primeiros anos. Os primeiros "coupés" nasceram a partir dos sedãs para complementar sua oferta: enquanto estes eram enfocados nos eventos sociais dos donos, aqueles eram relegados às tarefas cotidianas, em especial para as mulheres. O tempo mudou isso por completo.

A carroceria curta e a restrição a dois passageiros (há poucos modelos com um banco traseiro pequeno) ajuda a reduzir o peso. A falta de necessidade de espaço para a bagagem permite desenho suave e, portanto, aerodinâmico. E o uso como segundo ou terceiro veículo da família concorda com a adoção de componentes como motor grande e estilo ousado. Uma vez que os cupês foram voltados à performance, seu caminho para o sucesso estava aberto.

Atualmente, a categoria apresenta fortíssima associação com a esportividade, a ponto de ser a preferida de todos os fabricantes dedicados à alta performance. Isso não demorou a chamar a atenção de quem atua nos outros segmentos do mercado: executar ideias criadas sob pontos de vista tão distintos foi o estopim para que se gerasse a profusão de cupês que se decifra neste texto.

A concepção mais genérica desta categoria é um carro com duas portas, cabine por trás do eixo dianteiro, e parte traseira em queda suave - uns têm porta-malas saliente, e outros são restritos à configuração dois-volumes. Embora a maioria traga acessórios de caráter esportivo, eles não são regra. Modelos como Cadillac ELR e Jaguar F-Type (primeira imagem) são exemplos de cupês "puros".

Um dos primeiros termos a apresentar é 2+2. Por mais que esta categoria tenha vocação notavelmente emocional, há uma grande parte do seu público-alvo que usa o cupê também em tarefas cotidianas. O 2+2 dispõe de um banco traseiro, mas menor que os dianteiros. Assim, esse nome vem do fato de que se recomenda utilizar esses cupês com "dois adultos mais duas crianças".

Seguindo o rumo da habitabilidade, a próxima subcategoria é grand touring. Sua prioridade é tornar as viagens prazerosas, e não somente rápidas. Eles oferecem cabines luxuosas, espaço farto para quatro pessoas, ruído interno em geral baixo, e estilo externo mais elegante. Porém, nada disso significa que elas deixem a desejar quanto ao desempenho. Alguns exemplos de grand tourers são o Bentley Continental GT e o Lexus LC da segunda imagem.

Embora os cupês anteriores mantenham uma clientela grande e fiel, os fabricantes perceberam que o público estaria disposto a receber ainda mais luxo. Os cupês de quatro portas são um nicho criado pelo Mercedes-Benz CLS, e que hoje já obtém sucesso em segmentos de várias faixas de preço. A intenção é oferecer grande parte da praticidade dos sedãs, mas trocando sua sobriedade típica pelas linhas fluidas e esportivas de um cupê. Entre os seguidores mais recentes estão Chevrolet Malibu e Ford Mondeo.

Uma diferença muito grande desses cupês em relação aos anteriores é o fato de que muitos deles são criados a partir de outros projetos, com níveis de parentesco variados - o CLS, exemplo mostrado na terceira imagem, é derivado do Classe E. Esta é outra estratégia motivada pelo desejo de baratear a produção. Aliás, tocar nela falando de cupês implica passar a outro subgrupo em particular.

Como já foi relatado, a categoria cupê formou uma imagem tão positiva que vários fabricantes quiseram aproveitá-la. Ao longo dos últimos anos o mercado recebeu uma profusão de cupês derivados de outros projetos. Assim como no grupo anterior, há exemplares que compartilham somente elementos mecânicos, como o Peugeot RCZ em relação à família 308, e outros que foram concebidos para ser variações diretas, como o Renault Mégane Coupé.

Esses cupês costumam substituir a oferta do hatchback de duas portas e têm êxito especialmente na Europa. O motivo disso é oferecer exclusividade de desempenho e principalmente estilo sem deixar de lado as vantagens do mercado generalista como a manutenção simplificada e a possibilidade de baratear sua produção. Na prática, esses cupês exigem menos concessões de parte dos usuários.

Os últimos tipos de cupê que são mostrados neste texto promovem uma completa mudança de direção: os esportivos, como a Ferrari Roma da quarta imagem, são nada menos que os mais icônicos de todos. As expressões do fascínio que têm de todo o mundo automobilístico vão das fotos que se utilizam como pôsteres e papeis de parede aos polpudos investimentos que os fabricantes efetuam regularmente para manter seu carro competitivo.

Entre tamanhos, tipos de mecânica, países de origem e épocas, esses cupês são tão numerosos que é preferível mencionar exemplos de fabricantes. Automóveis como os de Maserati e Porsche são caracterizados por um desenho de aerodinâmica apurada, e que quase sempre segue alguma tradição da empresa. As cabines trazem conforto e luxo, mas sempre dando a prioridade ao comportamento dinâmico. Seja ao acelerar, dobrar ou frear, o entusiasta vê cada centavo pago justificado em questão de minutos.

Para quem deseja ainda mais, os superesportivos são a melhor opção. Bólidos como LaFerrari e McLaren P1 levam tudo o que se mostrou a um nível superior. Quase sempre são o melhor modelo que o respectivo produtor já fez até o momento, e ostentam uma série de tecnologias que serão repassadas aos outros modelos a partir de então. Eles são fabricados em quantidade reduzida e têm preços estratosféricos, mas quase sempre têm todas as unidades reservadas antes mesmo de entrarem em produção.

Voltando a exemplares mais "realistas", os muscle cars são outro grupo que desfruta de uma legião de fãs. Eles são um nicho de mercado criado nos Estados Unidos, e que se destaca por equipar cupês relativamente leves e pequenos a motores muito grandes, de até sete litros. O design agressivo e os preços baixos agradavam muito, mas eram somente aperitivos: a maior atração era a aceleração vigorosa e livre de auxílios eletrônicos.

Naturalmente, esses modelos entraram em declínio nos anos 1970, por causa da crise do petróleo. A indústria daquele país chegou a criar os "pony cars", como uma espécie de alternativa menor, mas o êxito inicial se esvaiu depois de pouco tempo. Nos dois casos, houve carros de AMC e todas as marcas de Chrysler, Ford e GM. Essa fórmula ganhou holofotes outra vez somente no final da década de 2000, com Chevrolet Camaro, Dodge Challenger e Ford Mustang. Todos totalmente adaptados aos novos tempos.

K AT 2001
CHAVERSE
NVW1N23
Jeep

Crossovers

Esta parte do capítulo apresenta o que é a categoria mais nova e uma das mais peculiares do mundo dos automóveis. Tão nova e peculiar que muitas pessoas ainda resistem a vê-la como um agrupamento separado dos demais. No entanto, experimentar mudar esse pensamento permitirá conhecer melhor o tipo de automóvel que já é responsável por números de vendas tão importantes quanto os de modelos de concepção tradicional como os sedãs ou as picapes.

Crossovers podem ser definidos como carros que combinam as características típicas de vários segmentos, mas isso não expressa tudo. Já houve muitas tentativas nesse sentido ao longo dos anos, mas sempre sem sucesso. Alguns carros resultavam feios demais, outros muito caros, e outros pouco práticos. Pontiac Aztek e Renault Avantime (primeira foto) são casos que seguem muito bem a definição dada mas que fracassaram de maneiras bastante sonoras.

O tão esperado êxito veio a aparecer somente na década atual e apareceu por completo. Os crossovers modernos se tornaram quase que uma garantia de lucros para os fabricantes, de modo que viraram presença obrigatória em suas linhas – até os fabricantes que nunca trabalharam com nada parecido, como a esportiva Porsche e a luxuosa Rolls-Royce, terminaram rendendo-se a eles; o Cayenne, por exemplo, já se tornou um sucesso de vendas há vários anos.

A mais nova galinha dos ovos de ouro do mundo automobilístico reúne design chamativo com a imponência dos SUVs, cabine com a ergonomia dos sedãs e das minivans e dirigibilidade similar à de modelos urbanos em geral. Contudo, como essa receita básica vem sendo repetida em massa, ficou banalizada e já não chama atenção sozinha. Hoje em dia, os crossovers precisam ter algo a mais.

Este elemento adicional é amplamente variável. Pode ser design incomum, foco na esportividade, maior eficiência energética, preço acessível... Quase tudo é aceito neste mercado desde que consiga atrair mais compradores. O *quase* existe porque a experiência com a categoria já pode afirmar que alguns caminhos dão resultados melhores do que outros. Tais caminhos são os que conduziram à formação das subdivisões dos crossovers que são mencionadas aqui.

Hoje em dia, há crossovers esportivos em quantidade suficiente para formar um grupo próprio. Isso chega a ser contraditório quando se analisa o que são esses carros porque quase todos são altos e pesados o suficiente para serem praticamente impróprios para qualquer tipo de direção mais esportiva. Mas basta um olhar mais atento para compreender o real objetivo por trás de tudo isso.

Embora modelos como o BMW X6 da capa do capítulo tenham conjunto mecânico melhor que o de muitos carros esportivos tradicionais, seu objetivo é unir o melhor de dois mundos: satisfazem as famílias pequenas por dentro mas não desanimam o condutor que aprecia eventuais acelerações mais fortes. Além disso, os detalhes exclusivos de estilo os ajudam a chamar atenção por onde passam. Esta qualidade é amplamente desejada por seu público-alvo.

A expressão prática disso é simples: a cabine é farta de equipamentos, o exterior traz uma profusão de acessórios em geral chamativos, e a mecânica é melhorada com foco no comportamento dinâmico mais que nos números de performance. Esses carros podem ter controles eletrônicos para aceleração e velocidade máxima, mas costumam fazer curvas com uma agilidade típica de automóveis como os cupês, que são menores e muito mais leves.

Em paralelo, vários modelos de crossover são dedicados às famílias grandes. Eles passaram a oferecer o mesmo patamar de conforto e ergonomia das minivans e das station wagons, mas com o atrativo do estilo imponente e bem mais casual. Portanto, acabaram por formar um subgrupo próprio em questão de pouco tempo. Esse tipo de crossover tem a particularidade de oferecer cabine com sete lugares e, em casos mais raros, até mesmo oito ou nove.

Modelos assim são comuns em regiões como a América do Norte, onde tamanho físico não é necessariamente relacionado ao mercado de luxo. Como o foco aqui é a família, há exemplares de várias marcas, tamanhos e estilos como o Chevrolet Traverse da segunda imagem e Dodge Durango (norteamericanos); Fiat Freemont, Mercedes-Benz GLS e Opel Antara (europeus); e Mitsubishi Outlander, Kia Sorento, Hyundai Santa Fe e Nissan Pathfinder (asiáticos).

Em relação aos modelos esportivos, os crossovers familiares podem ser identificados com facilidade. Eles costumam ter estilo mais retilíneo e parecido ao das peruas em vez de se inspirar nos SUVs. Também trocam itens como altura de rodagem elevada e tração integral por câmbio automático e fartura de porta-objetos. Em alguns casos há versões esportivas, mas raramente com mudanças profundas porque isso realmente não é prioridade para a sua imagem.

Os modelos de crossover que não se encaixam em nenhuma das definições mostradas até aqui podem ser classificados simplesmente como urbanos. Esses modelos são vistos como mais imponentes que os hatchbacks, mais casuais que as minivans ou mais confortáveis que os utilitários, mas não apresentam nenhuma característica implementada exclusivamente com alguma dessas intenções.

Chevrolet Tracker, Hyundai Creta e Volkswagen Nivus (terceira foto) são exemplos da categoria compacta. Acura ZDX, Honda Crosstour e BMW X4 apresentam estilo inspirado nos cupês, apesar de que os dois primeiros já não são mais produzidos. Já Citroën C4 Cactus e Peugeot 3008 são claramente focados no estilo, cada um à sua maneira. Por último, Jeep Compass (quarta foto) e Dacia Duster conseguem se diferenciar da média da categoria porque têm um preparo geral maior para atividades fora-de-estrada leves.

Atualmente, o automóvel crossover é tido como um curinga para grande parte dos grandes fabricantes. Um dos maiores motivos pelos quais esse segmento vem ganhando tanta força no mercado de todo o mundo é a facilidade com a qual pode ser adaptado a finalidades diferentes. Isso não só o ajuda a se manter competitivo frente à concorrência direta como o capacita a atrair compradores com desejos e necessidades cada vez mais específicos.

Por outro lado, a demanda dos consumidores sempre tem certos limites. A categoria crossover já está deixando para trás a fase de experimentação, em que foram lançados modelos com propostas muito diversas. Hoje, os fabricantes já têm certo entendimento de até onde vai a vontade do público ao redor do mundo e já o utilizam amplamente na hora de projetar os próximos modelos. Tanta adaptabilidade é o que ajuda os crossovers a ficar sempre em alta.

ET18 KAA

LAGUNA

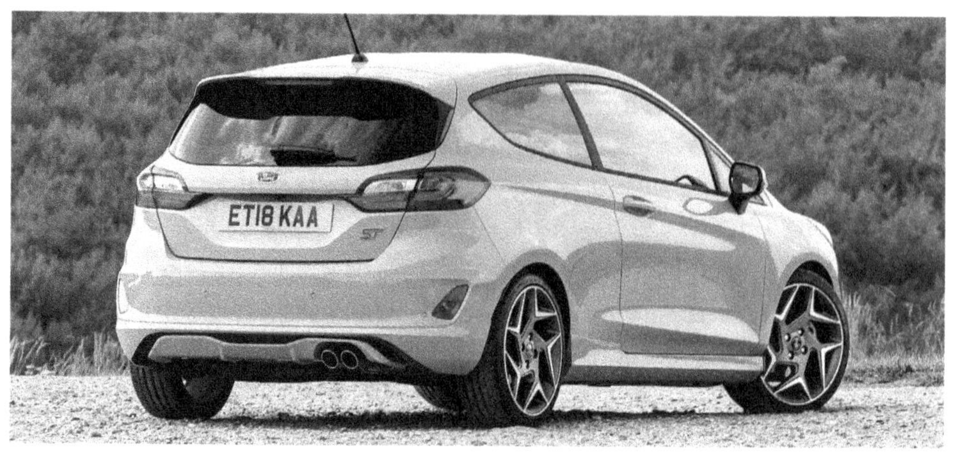

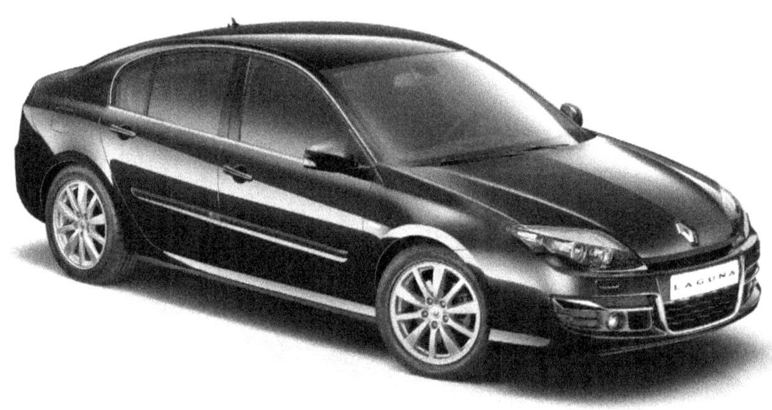

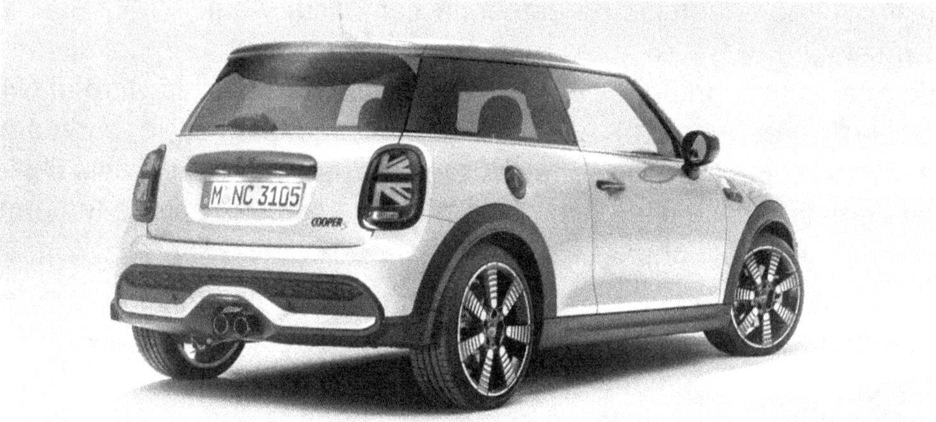
M NC 3105
COOPER

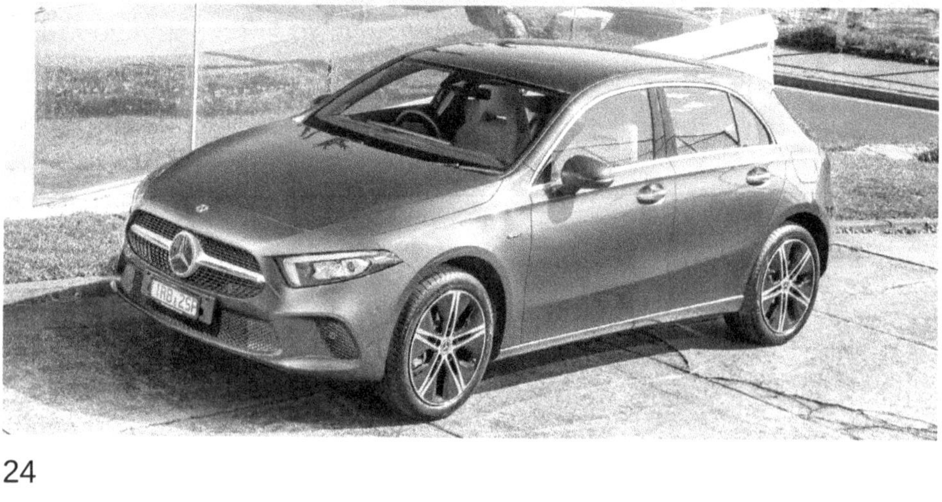

Hatchbacks

A maioria dos segmentos de carro se diferencia visualmente sobretudo pelo desenho do terceiro volume, o qual é a porção da carroceria localizada entre as rodas traseiras e o extremo traseiro – nos sedãs, por exemplo, ele é longo e baixo. No caso dos hatchbacks, o terceiro volume tem um desenho bem característico: ele não existe. Sua carroceria apresenta somente a parte do motor e a cabine.

Essa característica também é responsável pelo fato de que essa categoria apresenta uma variabilidade de design muito reduzida: a parte traseira é mais inclinada em alguns, menos em outros, e nada mais. Uma vantagem inesperada disso é que o hatchback se torna um dos tipos de automóvel mais fáceis de se identificar na rua.

Nada disso, no entanto, significa que estes modelos tenham uma trajetória monótona. Como se mostra nesta parte do capítulo, as variações de hatchback mais utilizadas na indústria são apenas três, mas as aplicações que elas receberam no mercado ao redor do mundo chegam a ser o dobro disso. Isso a torna uma das famílias de carros mais versáteis que podemos observar nos últimos tempos

A carroceria de três portas tem duas imagens bem separadas. Uma é ser a opção de entrada da linha do fabricante. Esses modelos costumam ser fisicamente menores que as versões sedã ou perua do mesmo carro, então são predispostos a custar menos. Além disso, tal carroceria tem construção mais simples que a equivalente de cinco portas. Até a década de 1990, esses carros eram famosos por usar parachoques pretos e rodas de aço com frequência.

A outra imagem vem de nada menos que a esportividade. Neste caso, a silhueta diminuta colabora para reduzir o peso total, ao passo que o design lateral pode ser concebido de maneira a lembrar o desenho típico dos cupês. Em paralelo, o fato de continuar sendo hatchback permite ao carro manter um nível de praticidade capaz de satisfazer clientes variados, o que aumenta suas vendas.

Pode-se afirmar que os primeiros carros a seguir essa tendência apareceram no final da década de 1980. Como eram uma aposta ainda inovadora, sua diferenciação costumava ser restrita a motor e acessórios de estilo. Dois modelos particularmente famosos foram as variações GTI (Grand Turismo Internacional) do francês Peugeot 205, compacto, e do alemão Volkswagen Golf, de médio porte. Um exemplo mais recente é o Ford Fiesta ST da primeira imagem.

O êxito que essas versões obtiveram foi grande a ponto de motivar as empresas a investir nelas cada vez mais. Nos anos seguintes, os hatchbacks esportivos receberam mecânica mais eficiente, cabines mais equipadas e comportamento dinâmico cada vez mais apurado. Tudo, porém, acompanhado de esforço para manter dimensões físicas e preços finais o mais comedidos possível.

Se os casos anteriores não são o suficiente para mostrar a versatilidade dos hatchbacks, uma maneira interessante de começar a descrever o tipo seguinte, da carroceria de cinco portas, é mencionando que o seu campo de aplicações no mercado mundial de hoje é praticamente o oposto daquele dos modelos com três portas.

A adição das portas traseiras remove aquelas semelhanças visuais com os cupês e, ao mesmo tempo, cria outras com as categorias perua e minivan. Permitir o acesso aos assentos traseiros com facilidade representa um maior enfoque na habitabilidade e, assim, o carro atrai um perfil de comprador mais racional. Em vários casos, esses carros são utilizados até mesmo por famílias pequenas.

Assim como o que ocorreu com a carroceria três-portas, essa aplicação só ganhou força nas últimas décadas. Como a maioria dos modelos se oferece em categorias de entrada e mediana, a pressão para reduzir os custos de produção é quase sempre grande. Até os anos 1990, os modelos partiam de um projeto único e se diferenciavam exclusivamente pela quantidade de portas.

A segunda geração do Opel Corsa foi um dos primeiros a estabelecer a mudança de rumo. As duas versões de hatchback diferiam apenas na parte traseira, mas o fizeram de uma maneira muito interessante: o três-portas tinha teto mais inclinado, para lembrar os cupês, enquanto o outro usava forma mais retangular para garantir mais espaço tanto na cabine como no porta-malas. Essa é a estratégia que vários fabricantes passaram a utilizar desde então.

Hoje, há casos em que essa diferenciação chega ao ponto de a empresa oferecer dois carros separados, cada um com um número de portas. Isso é interessante quando a imagem é prioridade porque permite trabalhar melhor as características próprias de cada um.

Outro tipo destes carros que tem participação expressiva no mercado é chamado de notchback. Sua principal diferença em relação ao desenho dos hatchbacks está na existência de um terceiro volume com formato similar ao dos sedãs mas notavelmente mais curto. Eles também costumam ser chamados de liftback, mas esse termo é mais associado ao tipo de tampa traseira que usam – a que se abre movimentando o vidro traseiro consigo.

Notchbacks eram comuns nos anos 1980 e 1990 e em especial na Europa. Citroën Xantia, Ford Escort e Renault Laguna (segunda foto), entre outros, atraíam por fugir da imagem de baixo custo que se costuma associar aos hatchbacks mas sem chegar ao conservadorismo típico dos sedãs. Atualmente, há vários cupês de quatro portas com design parecido, mas eles têm caráter mais esportivo.

A carroceria hatchback tem aparecido também em alguns segmentos secundários do mercado, mas ainda não de forma que eles se tornem importantes como os três grupos anteriores. Um destes é o chamado retrô: sempre houve fabricantes usando essa tendência e com modelos de vários tipos, mas podemos afirmar que ela chegou ao auge nos anos 2000 através da carroceria hatchback.

Modelos como Fiat 500 e o Mini Cooper da terceira imagem têm nível de tecnologia embarcada contemporâneo combinado ao estilo totalmente inspirado nos respectivos antecessores que foram vendidos décadas atrás. Porém, como a prioridade aqui é homenagear carros antigos, a tendência retrô não é exclusiva dos hatchbacks. O Volkswagen Beetle, por exemplo, fica mais próximo dos cupês.

O outro é o degrau de entrada de fabricantes de alto luxo. Como estes procuram participar do maior número possível de segmentos, exemplares como Infiniti Q30, Volvo V40, e o Mercedes-Benz Classe A visto na quarta imagem têm ganhado cada vez mais popularidade entre vários tipos de comprador. Embora eles representem a base da gama de seus fabricantes, são a variação mais sofisticada de hatchbacks que é possível encontrar nos tempos atuais.

Peruas

Quando se analisa passado e presente, é comum que o mundo automobilístco seja retratado como receptivo. Mais fabricantes do que nunca, mais carros lançados, mais versões oferecidas. A imagem expressada é de um espaço que sempre acomoda mais e mais de tudo, que recebe novas criações oferecendo grande potencial de vendas. A verdade é que não é tão aberto e fértil como parece.

Sempre que um fabricante projeta um modelo novo, precisa ter cuidado com o "canibalismo de vendas". Tal fenômeno consiste em a novidade formar sua clientela a partir de clientes que antes iam a outros produtos da mesma empresa, o qual obviamente é indesejável. Isso pode acontecer sempre e quando o lançamento tem características que tornam aqueles obsoletos de alguma maneira.

Trabalhos cada vez mais complexos de pesquisa e desenvolvimento vêm tornando estas ocorrências cada vez mais raras, mas somente ao nível da própria empresa. No mercado como um todo, aparecem casos de segmentos inteiros agradando tanto que motivam os fabricantes a investir cada vez menos nos outros. As peruas são o exemplo mais recente desse fenômeno em grande escala.

Também denominadas com o termo inglês *station wagons*, elas têm como característica de estilo mais marcante a traseira com um formato semelhante ao dos hatchbacks, mas mais comprido. Em outras palavras, a tampa do porta-malas se abre levando o vidro, mas o tamanho total do automóvel se aproxima do dos sedãs.

Como os fabricantes já levaram a categoria das peruas a várias faixas de preço, aqueles elementos de estilo são os únicos que ainda podem ser usados para descrevê-las de maneira geral; todos os outros que podemos observar nos exemplares lançados nos últimos anos são relacionados a outros aspectos, como nível de preço.

Peruas luxuosas, como a Audi A6 da primeira foto e as de BMW e Mercedes-Benz, dão prioridade ao lado esportivo. Abaixo, as topo-de-linha generalistas procuram acomodar famílias grandes sem perder a elegância. É o que se vê em Ford Mondeo Turnier, Peugeot 508 SW e Renault Talisman Estate, entre outras. As mais acessíveis, por sua vez, combinam espaço e praticidade a um design mais lúdico, sem luxo, como o da Fiat Tipo mostrado na segunda imagem.

Outras maneiras de classificar as peruas podem ser origem, tamanho físico e fabricante. Embora estejam longe da quantidade em que existiam há não mais que vinte anos, esses modelos mantêm um grande apelo emocional tanto por parte dos usuários como pelas empresas. Ele é o principal motivo pelo qual os poucos exemplares que resistem às novas tendências são tão queridos; eles representam uma conexão, ainda que fraca, com carros de décadas atrás.

O conceito de perua *shooting brake* sempre foi associado ao luxo mas, curiosamente, nunca se tornou popular como os de sedãs ou picapes; seu maior defeito é a falta de praticidade no uso cotidiano. Ela limita o seu público-alvo e fez com que suas vendas fossem baixas desde o começo, mas também lhes trouxe uma imagem positiva de relativo exotismo. Talvez graças a isso, esses modelos voltaram a ganhar atenção da indústria mundial ao longo dos últimos anos.

Visualmente, esses carros são diferenciados das peruas tradicionais por ter somente duas portas laterais e um desenho mais esguio na parte traseira. Isso é um reflexo da vocação que apresentam: ainda no começo do século passado, elas foram dedicadas à atividade de caça esportiva. Sua configuração física seria adequada para tal uso por trazer mais espaço para as armas tipicamente longas.

Com o passar do tempo, as shooting brakes começaram a ser interpretadas como uma variação casual das station wagons, livres da necessidade de satisfazer famílias. Algumas têm espaço suficiente para muita bagagem, o qual lhes daria relativa vocação para o uso por muitas pessoas, mas a maioria foi desenhada para atividades de lazer e para poucas pessoas, tal como a prática de esqui.

Exemplos como Volvo P1800 ES, Reliant Scimitar GTE e, há bem menos tempo, BMW Z3 Coupé conseguiram manter a categoria longe da extinção, mas sempre com o papel de coadjuvante mencionado. Hoje, alguns fabricantes decidiram desenhar modelos mais práticos com elementos que os aproximam do conceito shooting brake. É o caso da Ferrari GTC4Lusso, superesportivo mostrado na terceira foto, e da Mercedes-Benz CLS, um modelo de luxo.

A razão da ascensão e da queda das peruas como um todo é a simples variação dos mercados. Até a década de 1980, eram populares porque conseguiam satisfazer vários tipos de necessidades. Assim, quando as minivans atraíram quem buscava espaço e praticidade e os crossovers seduziram as que queriam estilo imponente e algum preparo para o fora-de-estrada, as empresas não tiveram outra opção senão reduzir sua produção da categoria veterana.

Com o passar dos anos, esse novo cenário forçou as peruas a depender cada vez mais daquele valor emocional em vez da simplicidade prática de antes. Em comparação com as duas "predadoras" comentadas, esta categoria ainda tem a vantagem da maior semelhança mecânica com os hatchbacks e os sedãs – peruas são mais baixas e leves, o qual beneficia sua dirigibilidade. A indústria vem aproveitando essa tendência de duas grandes formas.

Uma tendência é das peruas esportivas, como as alemãs mencionadas e a Cupra León Sportstourer da quarta imagem, e a outra é das pseudo-aventureiras como a Volvo V60 Cross Country, uma das primeiras do tipo. Fabricantes europeus, em especial, têm mostrado grande empenho em manter esses modelos modernos e competitivos. Naturalmente, nenhum pretende competir com cupês ou SUVs; são carros familiares com predicados que as minivans e os crossovers não costumam oferecer com a mesma qualidade.

Levando isso em consideração, é possível afirmar que a categoria das peruas já encontrou uma forma de se manter estável nos novos tempos do mercado mundial. Suas vendas já não são elevadas como antes, para a tristeza dos eternos entusiastas, mas o prestígio da categoria conseguiu usar isso para manter sua imagem quase tão forte quanto na época dourada dos anos 1960 e 1970.

Pouco a pouco, as peruas foram liberadas para perseguir metas muito mais específicas que os modelos generalistas de décadas atrás. Isso as torna produtos cada vez mais emocionais sob vários pontos de vista e, em consequência, deixa-as desejáveis tanto para o público consumidor como para os fabricantes. É um raro caso de tipo de carroceria que tem conseguido se reinventar frente a todos para recuperar pelo menos parte do prestígio de outros tempos.

Picapes

Eis um dos raros segmentos de automóvel que têm conseguido se manter em alta desde o início. O grande motivo de tanto sucesso das picapes é ter se tornado atraentes para cada vez mais tipos de consumidor. Contudo, vale ressaltar que isso não se fez com variações físicas, como nas outras categorias vistas aqui; os fabricantes decidiram variar a visão que o consumidor tem das picapes.

As primeiras eram voltadas ao trabalho: construção robusta, capacidade de carga elevada e péssima habitabilidade. Isso mudou nos anos 1950 porque alguns donos começaram a usá-las também para o lazer. Os fabricantes buscaram oferecer itens de conforto, design e luxo e, com o tempo, as picapes ganharam cada vez mais espaço no mercado de passeio. Um resultado dessa mudança é a profusão de variações apresentadas ao longo deste texto.

A classificação mais notória das picapes é por tamanho. As menores disponíveis atualmente são derivadas de automóveis - compactos na América Latina, e grandes na Oceania. Modelos como a Fiat Strada da primeira foto e Holden Ute utilizam grande parte dos componentes daqueles outros modelos para que o fabricante possa baratear sua produção e reduzir o preço final praticado.

As picapes intermediárias usam projetos exclusivos (em alguns casos, compartilhados com SUVs) e um conjunto maior em tudo: tamanho físico, parte mecânica, lista de equipamentos e aptidão para uso severo. Como tudo isso vem acompanhado de preços igualmente mais expressivos, a maioria destas picapes oferecem listas de versões muito extensas. Encaixam-se neste grupo modelos como a Toyota Hilux da imagem e aqueles como a Ford F-150.

O último grupo é mais comum na América do Norte. As picapes comumente chamadas de *Heavy Duty* são ainda maiores e mais capazes do que as convencionais mas, justamente por causa disso, são restritas ao uso para trabalho pesado. Portanto, é comum que ofereçam listas de acessórios mais restrita e focada nas aplicações profissionais, longe da variedade oferecida nos modelos urbanos.

Outra maneira muito útil de classificar as picapes é utilizando os tipos de cabine. Salvo exceções muito raras, as picapes trabalham com um padrão parecido ao dos hatchbacks: poucas versões e com design imutável. Na prática, a variedade disponível não passa de três opções e elas vêm se mantendo quase imunes ao tempo.

Cabine simples indica um modelo de duas portas, cujo habitáculo termina logo atrás dos assentos do condutor e do passageiro. Cabine estendida, por sua vez, incorpora uma área atrás dos bancos que pode ser usada para pequenos objetos ou, em alguns casos, adicionar dois assentos menores, próprios para crianças. Já a cabine dupla, como a GMC Canyon da segunda foto recebe cinco pessoas de forma regular e usa quatro portas para facilitar o acesso.

Naturalmente, os fabricantes já fizeram várias subversões a essas convenções. Há tamanhos intermediários de cabine, exemplares da dupla com apenas uma ou nenhuma porta lateral traseira, e outros das estendidas com portas pequenas. Neste último caso a abertura é condicionada à das portas dianteiras e a ter o carro parado. Tudo em prol da segurança, especialmente de crianças.

A última grande maneira de classificar as picapes é de acordo com as caçambas disponíveis. A pressão por favorecer os produtos de melhor desempenho no mercado limitou essa escolha ao simples comprimento: caçamba longa associada à cabine simples na versão de trabalho, caçamba curta com cabine dupla nas versões urbanas e algumas opções intermediárias. No entanto, essa variedade já foi maior algumas décadas atrás, quando a oferta era mais livre.

A Jeep Forward Control da terceira foto integra a subcategoria cuja cabine fica sobre o eixo dianteiro em vez de atrás dele. A maior vantagem dessa construção é permitir o comprimento maior da caçamba conseguido sem mudar as dimensões externas. Isso, por sua vez, também conduz ao uso de tampas laterais, que se abrem como uma espécie de rampa. Esse tipo de picape se tornou mais conhecido pela configuração da caçamba do que por seu tipo de cabine.

Alguns modelos mais antigos, como a Ford Série F das décadas de 1940 a 1960, utilizavam a caçamba com um desenho particular. Ela era construída entre as caixas de roda, de modo a constituir um paralelogramo perfeito. Sua maior vantagem era a existência de um apoio de pés entre cabine e caixa de roda, o qual facilitava o acesso à carga. Porém, as empresas acabaram optando por estendê-la para maximizar o volume disponível. Um nome informal dado a essa configuração nos mercado norteamericano é "flare side".

Outro caso é formado por picapes pequenas e médias. A maioria das picapes tem a caçamba separada da cabine para que ambas resistam melhor ao seu regime de uso típico. Porém, tal estratégia implica o uso de alguns elementos estruturais que terminam tendo produção reduzida e custo alto. Algumas empresas decidiram trabalhar de outra maneira para, pelo menos, mitigar esses efeitos.

As *Sport-Utility Pick-ups* são os modelos que resultaram desse trabalho novo. Em termos técnicos, a grande diferença delas para as tradicionais foi trocar a construção de carroceria sobre chassi pelo monobloco. Quanto à parte visual, elas são fáceis de identificar porque têm as laterais da carroceria contínuas: as picapes tradicionais usam uma separação física entre a caçamba e a cabine.

Passando à subcategoria Heavy Duty, o enfoque no uso para trabalho estimula os fabricantes a fazer todo o possível para maximizar a quantidade de carga que seus modelos aceitam. Um recurso utilizado com relativa frequência é adotar quatro rodas no eixo traseiro - duas de cada lado, bastante próximas entre si. Ele costuma ser restrito às versões de maior capacidade, como Chevrolet Silverado 3500 e a Ford F-350 da quarta foto, e costuma se chamar *dualie*.

Considerando que o mercado de automóveis em geral se encontra muito curioso para experimentar novidades, o caso das picapes só tende a se tornar cada vez mais surpreendente. Os fabricantes entenderam que seu público-alvo tem mais interesse em variedade de acabamento do que em versões e desenhos novos de carroceria, passaram a focar em melhorar tudo aquilo que sempre fizeram.

Levando isso em consideração, a tendência para os próximos anos é de promover evoluções principalmente na parte técnica. Motores mais eficientes, componentes mais leves, estruturas mais resistentes e, passando ao médio prazo, a implementação das tecnologias alternativas de propulsão (como o motor elétrico) que já vêm obtendo sucesso expressivo nos automóveis urbanos.

Sedãs

A relação que este segmento possui com o mundo automobilístico pode ser descrita com o simples fato de que a palavra sedã
é uma das mais antigas associadas aos carros dentre as que ainda estão em uso. Há regiões que aplicam termos como "berlina" e
"saloon", fora as variações de grafia e pronúncia próprias de cada
idioma, mas o tipo de carroceria referido é exatamente o mesmo.

Até não muito tempo atrás, os sedãs eram a categoria mais popular do mercado por grande margem. A razão mais fundamental
disso é sua versatilidade. Em vez de passar por mudanças profundas de conceito ou receber variações como nos outros casos deste capítulo, a mesma configuração de automóvel conseguiu seduzir
pessoas com desejos e necessidades cada vez mais diversas.

Considerando que os sedãs são uma estirpe de exemplares numerosos, a tarefa de classificá-los pode adquirir praticamente qualquer nível de detalhe que se desejar. O mercado costuma agrupálos
principalmente através da faixa de preço, mas sempre utiliza as dimensões externas como um critério secundário.

Este capítulo segue uma variação simplificada desse raciocínio.
Os grupos formados aqui são apenas três porque isso permite tor-

nar as diferenças entre um e outro mais fáceis de identificar e compreender. Essas são as que se apresentam ao longo do texto.

Modelos como o Hyundai HB20S (primeira foto) são pequenos e outros como o Ford Focus são médios, mas ambos podem ser analisados aqui como compactos. São os sedãs focados racionalidade, que costumam ser pequenos por fora para facilitar as manobras. Como consequência, têm traseira curta e alta para maximizar o porta-malas. Aliás, a forte separação visual deste em relação à cabine é o que dá à categoria dos sedãs o apelido de "três-volumes".

Devido à semelhança de design, estes sedãs costumam ser projetados como parte de uma família de carrocerias – as outras costumam ser perua e hatchback. É comum que usem vários componentes em comum, principalmente na dianteira, para baratear a produção; assim, quanto mais alta a faixa de preço, menor costuma ser a necessidade dessa interdependência de estilo externo.

Os sedãs de porte grande são os modelos topo-de-linha das empresas generalistas. Na classificação comum do mercado, eles podem ser subdivididos entre médio-grandes, como o Toyota Camry da segunda foto e o Nissan Altima, e os de porte grande como Ford Taurus e Opel Insignia. Esses modelos sempre foram comuns nos mercados norteamericano e europeu mas hoje também têm grande aceitação na China por causa da fartura de espaço interno.

Os membros deste grupo têm como foco a família. São carros grandes e confortáveis e, nos últimos anos, têm ganhado muito em eficiência energética. Alguns até ousam no design, mas este aspecto dificilmente ganha destaque aqui porque seu comprador típico tem gosto conservador. A exceção mais notável na linha atual é o Dodge Charger, mas porque ele foi criado especificamente para ser uma opção mais esportiva em relação à média dos rivais.

Sedãs de faixas de preço mais elevadas costumam apresentar mais elementos de estilo exclusivos. A maioria dos exemplares têm apenas a parte mecânica em comum com os outros carros do mesmo fabricante. Quanto às variações de carroceria, há projetos que também geram cupê e perua e outros que se restringem à categoria sedã; ambos casos são igualmente comuns no mercado.

O próximo grupo a identificar aqui pode ser descrito como um dos maiores do mercado atual em quantidade de exemplares. Os sedãs de luxo são oferecidos principalmente por Audi, BMW e Mercedes-Benz, mas a concorrência não pára de aumentar: Acura, Alfa Romeo, Buick, Cadillac, Hyundai, Infiniti, Jaguar, Lexus, Lincoln, Maserati, Volvo... a lista de marcas ao redor do mundo é grande. Um deles é o BMW Série 3, mostrado na terceira imagem.

Até quinze anos atrás, os maiores representantes dessa categoria eram o trio alemão, mas com linhas menores. O sucesso começou a vir graças à qualidade geral dos modelos associada ao estilo sóbrio que sempre caracterizou fabricantes alemães mas, naturalmente, as concorrentes não deixariam isso passar despercebido. Cada uma buscou uma qualidade diferente na qual focar, tal como esportividade, design futurista ou luxo com orientação clássica.

Hoje em dia, sedãs de luxo estão praticamente no mesmo patamar quanto a aspectos como desempenho ou eficiência energética, então as atenções sempre se voltam a essas diferenças abstratas. Atualmente, elas são o principal critério para escolher um modelo nesse grupo – o Bentley Continental Flying Spur da quarta imagem, por exemplo, destaca-se por ser mais esportivo que a média.

A última subcategoria de sedãs vista neste texto é das limusines. Hoje, é possível ver os mais variados modelos de carro transformados por dentro e por fora para desempenhar as mesmas funções, seja para uso pessoal ou comercial/de turismo, mas a carroceria com a qual essa aplicação construiu a fama que tem foi a sedã.

Em poucas palavras, a função das limusines é transportar poucas pessoas da melhor maneira possível: cabine espaçosa, bancos confortávis, acabamento refinado e motor silencioso são as características mais comuns. Assim como com qualquer outra categoria, o trabalho necessário para desempenhar isso implica dotar o produto de várias qualidades, mas também se traduz em um tipo de automóvel que apresenta algumas desvantagens únicas e marcantes.

A fartura de equipamentos de conforto impressiona mas também aumenta o peso. Limusines precisam usar motores grandes e, assim, gastam muito combustível. Em paralelo, seu comprimento chega a impedir que trafeguem em ruas mais estreitas. O mercado se divide entre as empresas que transformam carros comuns e aquelas que produzem as próprias limusines, como a Rolls-Royce.

Ao longo de várias décadas no mercado mundial, os sedãs passaram por muitos altos e baixos graças a fatores do próprio mundo automobilístico ou às mudanças do público consumidor. Contudo, a indústria sempre conseguiu idealizar e executar maneiras de mantê-los atraentes e os clientes souberam dar-lhes o valor merecido.

Hoje, há alguns sedãs abandonando o design típico dessa categoria, como o Chevrolet Malibu e o Honda Civic: em suas gerações mais recentes, ambos adotaram o estilo cupê de quatro portas. Entretanto, por causa de toda essa adaptabilidade, há muitos outros modelos que não apenas defendem essa categoria como também ajudam a torná-la mais desejável e mais influente do que nunca.

TERRA

Utilitários

Depois de conquistar fama mundial graças à extensa capacidade para lidar com os terrenos não-pavimentados, eles passaram vários anos tentando replicar o conforto e o luxo dos primos urbanos. No entanto, uma vez que essa tendência começou a cometer alguns excessos, eles decidiram voltar às origens. De maneira bem resumida, essa é a história dos chamados automóveis utilitários.

Esse termo nasceu para denominar todos os tipos de automóvel dedicados a trabalho, mas a expansão pela qual o mercado passou trouxe a necessidade de separá-los cada vez mais. Assim, os modelos que ainda usam o termo têm estilo similar ao do Ford Everest da imagem. Carroceria em dois volumes, comprimento como o das peruas mas com maior altura e o uso de elementos de estilo secundários dedicados a tornar o conjunto o mais imponente possível.

Essa dualidade entre as imagens utilitária e urbana nasceu da simples necessidade de responder aos desejos do público. Na década de 1950, as pessoas começaram a utilizar os utilitários cada vez mais nas zonas urbanas, de modo que passaram a desejar um produto mais confortável e silencioso e com desenho agradável.

A indústria respondeu a esse movimento de mudança eventualmente, mas somente quatro décadas depois seus modelos já estavam perdendo o caráter original. Assim que o mercado estabeleceu os crossovers para continuar nesse novo rumo mais urbano, os utilitários ganharam a oportunidade de voltar às origens.

Os exemplares que vão mais longe na tarefa de recuperar os valores de outrora costumam ser agrupados simplesmente com o termo fora-de-estrada. Para estes utilitários, características como desempenho, conforto e requinte são todas relegadas a um segundo plano: a prioridade é que tenham preparo mecânico para enfrentar os terrenos acidentados naturalmente, sem desgaste excessivo.

Os fãs desse tipo de carro têm ao Jeep CJ como um verdadeiro ídolo. Ele foi projetado originalmente para ajudar as tropas norte-americanas durante a Segunda Guerra Mundial e, para isso, contou com uma concepção minimalista que lhe permitiu grande desempenho sem trazer um custo excessivo de manutenção. O inglês Land Rover Defender, o alemão Mercedes-Benz Classe G e o japonês Toyota Land Cruiser seguiram rumos parecidos na mesma época, mas nenhum desses modelos construiu uma imagem tão forte.

Infelizmente, esse tipo de carro perdeu o interesse da indústria nos anos seguintes porque suas características deixaram de ser necessárias. Há muito tempo, ele passou a ser consumido quase que somente para satisfazer as vontades do público saudosista do que por uma necessidade real. Essa nova aplicação explica muito sobre o destino que os poucos representantes que sobreviveram no mercado enfrentaram ao longo das décadas seguintes.

Os três mencionados se dedicaram ao mercado de luxo cada um a sua maneira: a Toyota atualizou seu modelo seguindo quase todas as tendências do mercado enquanto as outras se restringiram a atualizar os projetos originais. Eles receberam melhorias em praticamente tudo, mas mantiveram a parte externa quase intocada. O Defender (segunda imagem) passou um período fora de produção, mas já retornou como um modelo todo novo e proposta parecida.

Hoje, o Jeep Wrangler é um dos utilitários mais populares em grande parte por ser uma interpretação moderna do CJ. Além de pertencer à mesma empresa, ele replica aspectos como o tamanho reduzido, o estilo rústico e a concepção mecânica simples. Além de esse conjunto ser precisamente o desejo do público-alvo, o veículo não concorre diretamente com os que foram mencionados.

Outro grupo a mencionar neste texto costuma ser referido como meio-termo entre os utilitários à moda antiga e os veículos urbanos, mas isso vem perdendo a validade à medida que os crossovers se firmam no mercado. Os SUVs são batizados com a sigla inglesa de "veículo utilitário esportivo" e passaram a ser vistos como de inovadores a tradicionais em uma questão de apenas vinte anos.

No final da década de 1980, a indústria já havia começado a prosperar com esse novo conceito de utilitário de forma parcial: a maioria dos modelos disponíveis até então era baseada em outros menos requintados, como o Jeep Grand Cherokee. Essa estratégia era interessante como um primeiro passo por reduzir o investimento necessário para lançar a novidade. Mas o público queria mais.

Os SUVs se firmaram no mercado entre as décadas de 1990 e 2000 graças a fabricantes tradicionais, como a Land Rover, e àqueles que experimentaram participar da empreitada pela primeira vez. Em ambos casos, a receita era similar. O estilo parecia combinar o formato das peruas à imponência visual dos fora-de-estrada convencionais. Esses modelos conseguiram oferecer tração integral com reduzida e bancos de couro de maneira muito interessante.

Considerando que o preparo para o fora-de-estrada não deixou de ser prioridade, muitas empresas recorreram a produzir os SUVs a partir do mesmo projeto das suas picapes. Essa ideia permitiu baratear sua produção e estimulou a vinda de exemplares como Chevrolet Trailblazer, Nissan Terra (terceira foto), Toyota SW4 e Ford Bronco. Crossovers são diferentes justamente porque a maioria se baseia em projetos de categorias urbanas, como sedã e perua.

Os utilitários sofreram concorrência forte daqueles, mas com o tempo voltaram a encontrar espaço no mercado. Hoje, os SUVs se dividem entre os generalistas mencionados no parágrafo anterior e os de alto luxo como Infiniti QX80, Lexus LX (quarta foto), Jeep Grand Cherokee e, principalmente, Land Rover Range Rover. Este último já virou referência na categoria quando se fala de alto luxo.

Quanto aos fora-de-estrada convencionais, o aspecto emocional que passaram a explorar termina por colocá-los em um nicho de mercado que escapa à classificação regular. Como já foi mencionado, os exemplares que ainda existem são poucos e muito diferentes entre si, de modo que não chegam a formar categorias próprias. No entanto, isso resulta benéfico para os fabricantes já estabelecidos porque implica que seus modelos não têm concorrentes diretos.

O fato de que os utilitários já não são comprados por necessidade traz uma permanente limitação ao seu potencial de vendas. Eles precisaram se voltar a partes do mercado cujas vendas são dependentes principalmente de fatores como a imagem da empresa e o quão disposta ela está a recriar os conceitos de décadas atrás. Isso dificulta o futuro dos SUVs generalistas porque sua tendência é de sofrer cada vez mais com a oposição dos crossovers.

Vans

A definição mais geral desta categoria é feita com uma palavra usada com frequência suficiente para provocar confusão. De acordo com o consumidor que se consulte, o termo van pode representar carros que prestam serviço de lotação, os que transportam somente carga ou mesmo os que são formalmente chamados de minivans ou multivans. Graças a isso, esses modelos merecem o mesmo espaço neste capítulo que os anteriores; é interessante listar essas variações e explicar as diferenças que elas guardam umas das outras.

Até a década de 1940, os carros dedicados ao lazer eram conversíveis, os luxuosos eram sedãs e as vans faziam o transporte de muitas pessoas. Com o tempo, a população passou a consumir mais carros e isso estimulou as empresas a ampliar sua oferta. Um resultado disso foi subdividir a linha de produtos para enfocar cada um em um perfil de consumidor e, assim, atendê-los melhor.

O eterno esforço para melhorar os automóveis também trouxe o aumento físico para muitos deles. Pouco a pouco, os dois efeitos tornaram o nome van restrito aos modelos de grande porte e projeto racional como Fiat Ducato, Ford Transit, Peugeot Traveller e Volkswagen Transporter. Este último aparece na imagem de topo e merece destaque por ser um dos mais antigos: sua primeira geração foi lançada nos anos 1950 a partir do projeto do Volkswagen Beetle.

Esta categoria passou a ser definida por produtos que podem ser usados para o transporte de muitas pessoas ou de carga. Para isso, eles usam linhas sóbrias e retas para maximizar o volume da cabine, têm ampla gama de motores a diesel, que são mais adequados para o uso comercial, e oferecem uma grande lista de opções de carroceria. Entre variações de acabamento, distância entre-eixos e altura do teto, as combinações possíveis costumam superar a dezena.

Considerando que um dos traços mais marcantes das vans modernas é o enfoque na aplicação comercial, torna-se fácil entender por que as minivans se tornaram populares rapidamente. Este conceito foi apresentado oficialmente na Europa, no Japão e nos Estados Unidos quase ao mesmo tempo, com Renault Espace, Nissan Prairie e Chrysler Voyager e irmãs em meados dos anos 1980, e estabeleceu uma ponte entre vans clássicas e carros compactos.

No começo, as minivans apresentavam tamanho externo e oferta de conjuntos mecânicos típica da categoria intermediária, ou seja, longe dos carros compactos e dos de porte grande. Entretanto, o avanço tecnológico e o seu rápido crescimento nas vendas se encarregaram de torná-las um grupo de automóveis com direito a subdivisões próprias - de acordo com o país, há desde as derivadas de carros compactos até aquelas dignas da denominação "full-size".

Visualmente, minivans se diferenciam das vans tradicionais por ser notavelmente mais casuais. Suas linhas são mais arredondadas, seu design dá mais atenção aos detalhes de estilo e a impressão geral que causam é de certo requinte. Nos últimos anos, a categoria vem investindo também em um toque de esportividade para afastar o estigma de vocação para transporte familiar - um exemplo disso é a Chrysler Pacifica da segunda imagem. O maior motivo para isso é a concorrência pesada que vêm sofrendo da categoria crossover.

Depois das minivans, o permanente esforço da indústria em reunir qualidades de várias categorias de carro em uma só trouxe outro resultado: o nicho de mercado das multivans, as quais alcançaram o auge da notoriedade na década seguinte. As multivans que o inauguraram são Citroën Berlingo (terceira foto) e Peugeot Partner, ambas projetadas por marcas do grupo PSA, mas a categoria também recebeu outros modelos importantes ao longo dos anos.

Em relação às minivans, as multivans são mais objetivas. O design volta a favorecer formas retas para maximizar a cabine. Já detalhes como cromados e vincos são escassos, de modo a não elevar o custo de produção. A parte mecânica, por sua vez, costuma estar no nível de modernidade dos demais fabricantes ou até mesmo um passo atrás: assim, além de a produção barata conduzir a um preço final menor, a manutenção também se torna mais simples e barata e as multivans se tornam mais acessíveis de uma maneira geral.

Assim, a categoria multivan resulta muito interessante aos consumidores que não têm ao luxo como prioridade. Ela agrada a famílias médias e grandes graças ao espaço interno farto, à mecânica descomplicada, e ao comedimento geral quanto aos custos. Alguns carros, tais como Škoda Roomster e Renault Kangoo, também apostam em um design mais lúdico, com elementos mais chamativos que os utilizados por Volkswagen Caddy ou RAM ProMaster City.

O último subgrupo do automóvel van que se menciona neste capítulo é o dos furgões. Estes são veículos dedicados inteiramente ao transporte de carga e não costumam levar mais de duas pessoas. Por causa disso, a característica visual mais notória desses carros é a ausência de janelas traseiras – os ressaltos feitos na lataria onde as janelas deveriam ficar servem para equilibrar o estilo externo, facilitar a eventual aplicação de propaganda da empresa do dono e, em menor medida, aumentar a resistência mecânica da chapa. Mas os furgões trazem outras características dignas de destaque.

Para esses automóveis, as prioridades são acomodar o máximo possível de carga e fazer o transporte com o menor custo possível. Assim, quase todos os modelos disponíveis na atualidade têm projeto simples e antigo. Vários também compartilham a parte mecânica com outros carros do mesmo fabricante e alguns foram projetados por duas ou três empresas em conjunto – a maioria é vendida sob as marcas de todas elas com pouca distinção de imagem.

Como tudo isso visa baratear a produção, os furgões de hoje oferecem muitas variações. Há escolha de tamanho geral, altura e entre-eixos, versão de acabamento, motor e transmissão, e até proporções entre passageiros e objetos. Desde compactos como Peugeot Bipper a grandes como Opel Vivaro, é possível levar o modelo "combinado": parte do espaço de carga é ocupado por uma segunda fileira de assentos. Por fora, esses modelos são fáceis de identificar porque têm somente as janelas traeiras fechadas.

Um último aspecto a mencionar é que os furgões não se restringem aos contornos típicos de uma van. Em especial no Brasil e na Europa, há vários exemplares derivados diretamente de hatchbacks, como Fiat Fiorino (quarta foto) e Ford Fiesta, e de picapes, como a Chevrolet Montana. São modelos com a parte traseira fechada cuja intenção é atender ao nicho das empresas pequenas, que não precisam da capacidade de veículos como os anteriores.

O dueto entre design e
Marketing
Um carro só prospera no mercado
se esses dois viverem um em função do outro

Vários carros são apresentados como obras de arte. Fala-se em harmonia entre as formas, significado de cada decisão, contraste entre novidade e tradição... Parece que quanto mais artístico o carro for, melhor ele é. Na prática, esse rumo nunca se segue por inteiro porque o público sempre espera certo nível de praticidade.

Outra linha de raciocínio prega que carros devem ser eficazes ao máximo. Com a experiência que a indústria já tem, seria fácil projetar um modelo focado em satisfazer necessidades, mas os que se aproximam disso de fato tampouco tiveram êxito. Ou seja, o outro extremo também é rejeitado.

Quem compra carros quer a sinergia do trabalho conjunto de design e marketing. Carros que atendam ao uso diário, ao trabalho e ao lazer mas que também tenham estilo atraente, sejam ergonômicos e confortáveis e que sejam fiéis às tradições, como no caso dos modelos esportivos.

Este capítulo não trata das soluções de design e nem das estratégias de marketing com as quais a indústria trabalha, mas sim dos aspectos dos carros que dependem de ambos. Esses aspectos são a nomenclatura dos carros, os trabalhos com as versões, e as estratégias por trás das atualizações feitas ao longo do ciclo de vida.

Nomes de modelos

O nome de um carro costuma despertar a curiosidade nas pessoas, mas sempre de forma distante. Mais distante do que motor, espaço da cabine ou lista de equipamentos, por exemplo. Uma explicação é que o nome é uma parte do carro abstrata ao ponto de que, no começo, até os fabricantes lhe davam pouca atenção.

A globalização revolucionou isso porque trouxe a necessidade de considerar o mundo inteiro ao batizar um carro. O nome precisa ser fácil de pronunciar, evitar trocadilhos e ainda evocar ideias positivas em vários idiomas. Falhar nisso pode tornar o carro motivo de piada, o qual enterra qualquer chance de obter boas vendas.

Estudos mais modernos deram aos nomes uma imagem dupla: dependendo de qual se escolhe, pode passar despercebido em relação às outras características do modelo ou fazer fama suficiente para se sobrepor àquelas. Infelizmente, o último caso pode acontecer de forma positiva ou negativa com a mesma probabilidade.

Hoje, o nome de um carro é planejado junto com todas as suas demais partes e com o mesmo grau de importância. Esta parte do capítulo mostra as estratégias mais usadas nos últimos anos e por que cada uma pode ser útil ou não para cada modelo de carro.

1200 TU
GG · GS 770
YG19 BTJ

Palavras

A estratégia mais conhecida consiste em escolher uma palavra no dicionário ou combinar várias. No começo, as empresas buscavam inspiração na cultura de sua região: houve vários carros com nomes de cidades e espécies típicas. Mais tarde, também vieram palavras que simbolizem alguma característica do produto, como esportividade ou estilo, mas quase sempre no idioma de origem.

Com a globalização, houve problemas como o público de dado país não conseguir pronunciar o nome do carro e até casos de trocadilhos acidentais – Alfa Romeo 164 na China e Mitsubishi Pajero em países que falam espanhol são exemplos famosos. Em ambos casos, foi preciso mudar os nomes somente naquelas regiões porque todos notaram os respectivos problemas rapidamente.

É claro que nenhum desses erros torna um carro menos capaz de atender a seu público-alvo. O motivo pelo qual são tão temidos é que prejudicam sua imagem. O nome vira motivo de chacota e as pessoas que normalmente comprariam o carro ganham o receio de estender tal piada a si. Portanto, o carro termina vendendo muito menos do que as suas qualidades permitem estimar a princípio.

Um fruto positivo da globalização é permitir que o nome ganhe o status de marca. Quando um carro obtém êxito de imprensa e de público, as pessoas começam a relacionar seu nome às qualidades que ostenta, de modo que cria-se um laço emocional. Isso faz pressão adicional sobre os fabricantes à hora de atualizá-lo, mas a maioria a usa como um estímulo para torná-lo cada vez melhor.

Em paralelo, vários fabricantes adotaram o inglês como padrão para seus nomes, o qual facilita a pronúncia e minimiza a chance de se cair em um nome indesejável. Idiomas como italiano e francês são fortemente associados a arte, moda, gastronomia e turismo por conta da imagem construída por esses países ao longo de décadas, mas sem o uso massivo do inglês. Acabaram virando outro tipo de marca; dessa vez, uma marca das qualidades do país.

Essa espécie de marca nacional é muito aproveitada por fabricantes do mercado de luxo em particular: é o caso da esportividade para os italianos, da precisão para os alemães e do estilo para os franceses, por exemplo. Modelos com nomes que evoquem as origens do respectivo fabricante ajudam esses fabricantes a fortalecer sua imagem no mercado e, com isso, atrair consumidores com mais do que as já mencionadas qualidades tangíveis.

Códigos

É fácil compreender que o caráter de tudo-ou-nada dos nomes de palavras seja indesejável em muitos casos. A solução mais simples e natural para isso são códigos que podem ter números, como os 108 e 308 da Peugeot; letras, como os MKC e MKS da Lincoln; ou alguma combinação de ambos, como os 330e M235i da BMW.

Códigos causam o efeito oposto ao das palavras: o nome deixa de ser memorável por si só e, com isso, vira uma variável a menos na trajetória de mercado que o carro possa ter. Ele passa a ser visto como o membro de um grupo, em vez de uma entidade individual, e isso lhe retira dos holofotes: conotações ruins são mais fáceis de evitar e, caso ainda apareçam, serão mais fáceis de esquecer.

Na maioria dos casos, esses nomes são desenhados de modo a identificar a posição do carro na linha: o Audi A6, por exemplo, fica abaixo do A8 e acima do A4; na BMW, o modelo 430i tem conjunto motriz inferior ao do 440i; na Mercedes-Benz, a letra no fim do nome representa o tipo de propulsão e assim por diante. Como cada fabricante tem a sua estrutura, um mesmo caractere pode assumir significados completamente diferentes entre uma linha e outra.

Nomenclaturas com códigos precisam ser revisadas com certa frequência para continuar atendendo os modelos que o fabricante oferece ano após ano e também para facilitar a compreensão dos consumidores. A BMW, por exemplo, adotou a letra X para agrupar todos os crossovers e SUVs de forma separada das linhas já existentes. O grupo Volkswagen, por sua vez, simplificou a designação das opções de motor ao batizá-los de acordo com o torque.

O maior problema que esta estratégia apresenta é gerar nomes confusos. Quanto mais dificuldade o consumidor tiver para entender o nome de um dado modelo, mais sua atenção se dispersa – e, com ela, seu interesse. Mesmo os fabricantes alemães, que usam códigos há décadas, precisam ter cuidado com as adaptações que criam para não prejudicar a própria imagem de forma gratuita.

Como se menciona no começo deste texto, nomes como "E 350 L" são múito mais fáceis de esquecer do que "Mustang", por exemplo. Se isso é uma desvantagem, pode-se citar a vantagem de que o primeiro nome é muito mais seguro para adotar em um carro novo e/ou que vá participar de um segmento de mercado delicado, por exemplo. Pode-se concluir que cada estratégia é apropriada em um determinado contexto e para determinados tipos de carro.

Grupos

Se palavras soltas já têm grande apelo emocional em nomes de carros, que tal palavras agrupadas? A Lancia, por exemplo, usava letras gregas. A Seat tomava como inspiração as regiões da Espanha. Na Fiat, os utilitários têm nomes baseados em moedas antigas. Houve um período no qual todo Citroën tinha a letra X no nome e assim por diante. Os exemplos disso são diversos e numerosos.

Grupos ou conjuntos de nomes são interessantes sob o ponto de vista do marketing porque, de certa forma, trazem o melhor das duas estratégias anteriores. O tema comum fortalece a imagem de grupo de modo que o público visualiza o fabricante como um todo. Ao mesmo tempo, o uso de palavras diferentes dá mais espaço à individualidade de cada modelo que os códigos alfanuméricos.

Uma vantagem exclusiva é que o tema funciona como uma fonte contínua de ideias para a empresa: se ele cair no gosto do público, o fabricante só precisa continuar explorando-o a cada modelo lançado – a Lancia, por exemplo, usou essa estratégia por muitos anos. Essa garantia de aceitação por parte das pessoas é particularmente importante para carros cuja situação de mercado é delicada, como já foi mencionado em outras partes deste capítulo.

Por outro lado, qualquer tema permite gerar um número finito de nomes para os modelos; cedo ou tarde, será preciso trocá-lo. Além disso, ele serve como uma limitação permanente ao alcance de um modelo novo. Toda vez que o fabricante desejar e/ou precisar fazer algo completamente diferente, necessariamente terá que quebrar o tema na hora de escolher o nome. Assim, pouco a pouco a estratégia de unificar os nomes da linha ficaria enfraquecida sozinha.

Tudo isso contribuiu para a estratégia de grupos de nomes perder popularidade especialmente desde a década de 1990. Muitos fabricantes quebraram, precisamente, seus temas para modernizar a linha e decidiram mudar de estratégia por inteiro. Aliás, a competitividade cada vez maior tem feito os fabricantes repensarem suas nomenclaturas com frequência, seja para fortalecer a imagem dos modelos disponíveis ou para tornar-se mais fáceis de entender.

Estabelecer um nome de carro forte tem ficado tão difícil que os fabricantes estão fazendo o possível para evitar mudanças ou, pelo menos, fazê-las de maneira controlada. Grupos de nomes como os vistos aqui são adorados pelos entusiastas, mas vêm perdendo espaço para estratégias que tenham maiores alcance e visão.

Aleatórios

Quem disse que todos os nomes de carro precisam seguir algu-ma lógica? Há vários que não somente não se encaixam em nenhum dos grupos já vistos como também estão fora do dicionário. Como as palavras regulares trazem os altos e baixos do apelo emocional, os códigos têm imagem fraca e os grupos de nomes trazem limita-ções, volta e meia os fabricantes recorrem a inventar nomes.

Kangoo, por exemplo, foi criado por um computador que gerou várias combinações possíveis de pronunciar até que uma agradas-se à Renault. Já o Citroën Xantia, o Nissan Sentra e o Opel Vectra foram nomeados a partir de palavras reais que tiveram a grafia e a pronúncia alteradas - respectivamente, "xanthos" em latim, "central" e "sentry" em inglês, e "vector" em inglês e espanhol.

O caso da Opel vai um pouco além por ser um grupo de nomes com tema aleatório. Algumas palavras têm significado e outras são inventadas, mas todas têm duas ou três sílabas e terminam na letra "a", para os carros urbanos, ou "o", para os de uso utilitário. As exce-ções mais recentes são os hatchbacks compactos Adam e Karl, mas porque prestam homenagem ao fundador da empresa.

A vantagem dessa estratégia é a praticidade. Ao deixar de lado as regras dos idiomas, a busca de palavras positivas e qualquer outro raciocínio similar, a empresa pode esculpir uma denominação quase sob medida para as suas intenções. De um modo geral, os nomes deixam de ser considerados palavras e se tornam elementos de estilo por inteiro, quase tanto quanto os itens da carroceria.

Algumas empresas foram além e incluíram a pontuação nessa ideia. A smart evita qualquer nome com letra maiúscula para res-saltar a pequenez dos seus carros. A Volkswagen batizou o seu subcompacto como up! para formar trocadilhos com os nomes das versões de acabamento: take up!, move up!, speed up! etc. Já a Toyota desejava fazer da extinta submarca Scion uma alternativa mais jovial a si mesma, então aplicou nomes como xA, xB e tC.

Nomes aleatórios podem não gerar conexões emocionais fortes como as das palavras reais mas, quase sempre, são os que melhor chamam a atenção. Detalhes como as subversões de grafia são fáceis de realizar e têm a vantagem de fixar-se na mente com mais intensidade porque causam um certo efeito surpresa. Em um merca-do mundial que fica cada vez mais competitivo, qualquer estratégia que torne o produto uma lembrança positiva vale ouro.

Jeep
WV70 UEL

Versões de acabamento

Se a indústria tivesse recursos ilimitados para executar suas atividades, projetaria um carro exclusivo para cada cliente; isso seria a forma perfeita de satisfazer cada um. Isso não ocorre na vida real porque a produção não teria qualquer tipo de automatização e isso faria todos os custos envolvidos disparar. É por isso que vemos níveis de customização altos apenas em alguns modelos de luxo.

Na prática, os fabricantes buscam continuamente um equilíbrio entre o desejo de diversificar a produção e a necessidade de minimizar seus custos. Criar versões de acabamento para cada carro é interessante porque expande o seu alcance de público com custos relativamente baixos; o fabricante atende ao público-alvo com uma quantidade menor de modelos independentes porque cada um se torna capaz de satisfazer uma parcela maior desse público-alvo.

E o que, exatamente, seriam as versões de acabamento? Dotar o carro base de características adicionais que o façam avançar em uma determinada direção de mercado. Há versões que só mudam a lista de equipamentos, outras que incorporam uma série de componentes mecânicos e de design exclusivos e, naturalmente, todo um espectro de possibilidades entre esses dois extremos.

JOY 78920
ROBUST
Nova Saveiro

Básica

Embora a definição das versões passe pela ideia de adicionar itens ao carro, um dos exemplos mais comuns é feito ao retirá-las: as versões básicas têm o menor e mais barato conteúdo de equipamentos previsto para os carros e, por isso, têm o menor preço de venda. A princípio, podemos pensar que são sempre as mais vendidas e por larga margem, certo? A verdade é que, quando as observamos melhor, vemos um grande motivo para não o serem.

Carros básicos têm motores pequenos, poucos equipamentos de fábrica e materiais de baixa qualidade. Em outras palavras, seu preço é baixo porque não há, justamente, conteúdo para torná-lo alto. A aparência dessas versões se torna empobrecida e isso vira um problema porque ninguém *deseja* algo assim; esses carros são comprados exclusivamente por necessidade. Prova disso é que a maior parte das suas vendas é dedicada a frotas de empresas.

Na prática, usuários particulares gastam um pouco em equipamentos opcionais ou procuram um carro concorrente que, ao menos, aparente menos essa pobreza. Isso torna as versões básicas cada vez mais raras no mercado de carros novos e, naturalmente, menos valorizadas no mercado de usados. Carros que dispensam equipamentos "essenciais", como ar-condicionado e direção assistida, acabam se tornando quase impossíveis de comercializar.

Como sempre vai haver uma versão na base da linha, os fabricantes tentam elevar seu padrão. Na aparência externa, por exemplo, elas estão cada vez mais parecidas às superiores. A diferença maior está na lista de equipamentos, a qual costuma reservar itens de conforto e conveniência àquelas como uma forma de incentivar o cliente a investir mais – muitas vezes, a própria tabela de preços torna as versões superiores mais atraentes no custo/benefício.

Atualmente, pode-se afirmar que a versão básica à moda antiga ficou restrita a dois casos. Um é o uso de frotas, seja em se tratando de furgões ou de carros de passeio. Esta aplicação tem prioridades completamente diferentes de aparência ou requinte, então o preço baixo das versões básicas as tornam a única alternativa ideal.

O outro caso é um simples truque de marketing: muitas versões básicas são produzidas em escala baixíssima porque o fabricante já sabe que não terão demanda; o motivo real da sua existência é reduzir o preço básico oficial daquele modelo de carro e, com isso, tornar todas as suas campanhas de publicidade mais atraentes.

Luxuosa

Considerando que as versões básicas têm poucos equipamentos, pode-se pensar a princípio que as versões de luxo são o contrário: fartura, acúmulo de tudo o que se pode oferecer no carro em questão. Peças de acabamento cromado, materiais requintados na cabine, lista de equipamentos extensa e os preços mais altos disponíveis. Este é mais um conceito que sofreu mudanças por conta da passagem do tempo e da própria evolução desta indústria.

A diferenciação visual ficou mais leve por conta do que o texto anterior mostra: havia um senso de segregação que prejudicava as versões de base. Além disso, as tendências de estilo que caracterizavam os carros de luxo até dez, vinte anos atrás ficariam obsoletas cedo ou tarde. O excesso de acabamento cromado, muitas vezes na cor dourada, caiu em desuso à medida que começou a ser considerado pesado e exagerado pela imprensa e pelos clientes.

O caso dos equipamentos é diferente. À medida que os carros ganharam tecnologia embarcada, seus componentes ficaram cada vez mais integrados. Hoje, não se pode falar em adicionar ou retirar a central de entretenimento, por exemplo, porque ela controla uma série de funções do carro e é elemento central do design do painel: o fabricante teria que planejar outro painel sem ela e para oferecer uma configuração que, quase certamente, teria vendas baixas.

Tudo isso fez o conceito de carro de luxo evoluir. Os modelos de alto luxo agora investem na customização, geralmente através de subdivisões que oferecem uma série de equipamentos adicionais feitos sob medida para cada usuário. Modelos de BMW, Cadillac e Jaguar, para citar somente alguns, têm nível de qualidade similar, portanto conseguem se destacar no mercado pela diferenciação e por artifícios como esse, que criam um senso de exclusividade.

O conceito de versão de luxo perde um pouco do sentido entre os carros de base porque são feitos para, precisamente, ter preço baixo. Assim, muitos fabricantes vêm investindo em outras propostas: suas versões topo-de-linha focam no fora-de-estrada ou na esportividade em vez do luxo tradicional feito através da pompa.

Todos esses conceitos compõem o que se entende por versões de luxo para os carros de hoje. Os modelos vistos ao lado são apenas alguns exemplos de descendentes de uma subdivisão que já foi mais presente e influente, mas que hoje em dia precisou se reinventar por completo para se manter forte no mercado mundial.

Esportiva

Alta performance é o caminho mais emocional que se pode seguir com projetos de carro. Esportivos levam poucas pessoas, priorizam o comportamento dinâmico em relação a conforto e espaço interno, nem sempre têm estilo que realmente se considere bonito e, na maioria dos casos, têm preço alto. Tudo isso lhes dá uma imagem forte de exclusividade; muita gente os conhece, ou pelo menos os admira de longe, mas pouca gente realmente os compra.

Tal contraste acaba criando muito mais fãs do que compradores de fato. Há muitos anos, a indústria generalista descobriu um belo nicho de mercado ao trabalhar com essa fórmula: criar versões esportivas para modelos de passeio concilia desejos e necessidades, de forma que os carros se tornam mais agradáveis a compradores dos dois extremos. Criou-se um formato daquele apelo emocional apto a atender um número muito maior de pessoas; de certa forma, esse conceito de esportividade foi democratizado no mercado.

No começo, essa fórmula era simples. Acessórios visuais chamativos, cabine mais equipada, detalhes exclusivos de acabamento e conjunto mecânico melhorado ou trocado por outro maior. Versões esportivas fazem sucesso desde os anos 1960 pelo simples fato de entregar o que prometem. O carro retém as qualidades das variações convencionais e adiciona desempenho superior, estilo mais caprichado e um incremento de preço geralmente baixo.

Alguns fabricantes foram além e formaram parcerias com preparadoras independentes, como Fiat com a Abarth e Mercedes-Benz com a AMG. As versões esportivas resultantes têm resultado ainda melhor mas também custam mais, então são apropriadas em apenas alguns casos. De uma forma ou de outra, o esforço do fabricante em melhorar os carros e a disposição do público para comprá-los tornaram as versões esportivas muito populares apesar dos preços, o que deixa esse fenômeno ainda mais impressionante.

Hoje em dia, também podemos identificar uma vertente oposta à do parágrafo anterior: versões que modificam apenas a aparência do carro para que o aumento de preço seja o menor possível. Pode parecer um contrassenso à primeira vista, mas o fato é que elas retêm o maior apelo dos carros esportivos: a imagem forte, cuja influência é maior até que a do desempenho elevado. Assim, fabricantes grandes já oferecem versões esportivas capazes de agradar entusiastas de todas as preferências e de todos os bolsos.

Off-road

Também chamada de fora-de-estrada, essa versão tem origens similares às da esportiva: criar uma proposta intermediária. Neste caso, entre o carro de passeio típico e os utilitários de concepção tradicional. Estes últimos são jipes e SUVs, os quais o capítulo das carrocerias mostra como fortemente associados ao convívio com a natureza. Seu maior atrativo é criar um senso de liberdade, de possibilidades amplas, especialmente para quem mora na cidade.

Questões de preço à parte, o que freia o desempenho de mercado dos utilitários é a habitabilidade pobre. Conjunto motriz ruidoso, cabine desconfortável e estilo antiquado. Os SUVs representaram uma grande evolução nesses aspectos, mas ainda são grandes e caros demais para muita gente. Versões fora-de-estrada de carros de passeio se tornam atraentes porque, quando bem executadas conseguem associar um pouco do senso de liberdade a preço acessível e sem requerer concessões excessivas do público.

Um dos primeiros exemplares de êxito foi a versão Cross Country da Volvo V70. A perua ganhou apliques de plástico na parte inferior da carroceria para proteger a pintura, acabamento interno exclusivo e melhorias no conjunto mecânico como a tração integral. Pouco depois, a Fiat Palio Adventure trouxe uma variação de baixo custo dessa receita: pneus de uso misto, suspensão elevada e estilo externo espartano. Ambas viraram sucessos de vendas respectivamente na Europa e na América Latina em questão de meses.

Assim como no caso das versões esportivas, as pessoas eventualmente mostraram seu limite às fora-de-estrada com o passar do tempo. Mudanças extensas demais não dão certo porque deixam os preços muito próximos aos dos SUVs sem um conteúdo à altura, pois ainda trata-se de carros de passeio. Hoje, quem busca carros urbanos mais preparados sem chegar aos SUVs acaba escolhendo a categoria crossover, que já se tornou uma paixão mundial.

A versão fora-de-estrada vem sobrevivendo em sua vertente de baixo custo. Em países emergentes, por exemplo, elas têm aceitação ampla porque são mais resistentes à malha viária em condição precária sem cobrar muito a mais. Nos demais, os modelos familiares de Opel, Volkswagen e Volvo (entre outras) representam uma interpretação mais casual de carros tipicamente familiares, como as peruas – evocando, mais uma vez, a imagem de liberdade que tornou os antepassados utilitários tão queridos pelos entusiastas.

Níveis de atualização

Quando ouvimos falar de um produto novo, logo pensamos que seja totalmente diferente do que já existe, certo? Diferente e melhor, de preferência, e é por isso que também tendemos a desejá-lo. A indústria sabe disso, mas também sabe que renovar seus produtos com frequência implicaria custo alto o suficiente para enfraquecer tal desejo. A solução que encontrou para satisfazer ambas demandas foi trabalhar na fronteira entre elas: a definição de "novo".

Hoje, a indústria mostra como novo o conceito que, na verdade, é de *diferente*: qualquer mudança em relação ao produto que está em linha já é digna de destaque. Muitas vezes, o carro anunciado como "novo" trouxe apenas uma mudança parcial, mas acaba sendo bem recebido porque ela veio com boa relação custo/benefício em comparação ao antecessor. As críticas surgem quando o fabricante cria pompa e circunstância para anunciar retoques leves.

Este capítulo procura facilitar o entendimento do tema ao dividir os tipos de atualização que se costuma aplicar aos carros hoje em dia. Vale ressaltar que essa divisão é completamente informal, pois esta atividade possui muitas variáveis. Na prática, cada atualização de cada modelo de carro afeta um dado grupo de componentes.

Retoque

Por ser o nível mais leve que a indústria executa, o retoque também implica menor complexidade de produção e é o que costuma aparecer primeiro; há casos de projetos inteiramente novos que recebem o primeiro retoque aos dois anos. Como se vê nas imagens, as operações afetam o acabamento dos componentes, o estilo das rodas, o desenho interno das luzes dianteiras e traseiras... sempre mudanças de nível cosmético sobre os mesmos componentes.

Retoques se tornam simples porque cada mudança afeta apenas a própria peça. Não é preciso mudar o desenho das adjacentes nem voltar a estudar performance ou segurança porque, do ponto de vista técnico, trata-se das mesmas peças. Nos últimos anos, os fabricantes passaram a usá-lo para fazer pequenas correções, tais como adaptações exclusivas para uma região ou mesmo correções visuais de última hora: essa necessidade pode surgir de uma análise de opinião ou de alguma matéria da imprensa especializada.

Cumprir a meta de investir o mínimo possível requer um grande trabalho do setor de design. Às vezes, rodas novas são o suficiente para melhorar o visual externo. Frisos e adesivos mudam a percepção que temos da carroceria, ao passo que a cor do revestimento interno altera a sensação de tamanho da cabine. As ferramentas à disposição são poucas, mas seu campo de aplicação é extenso e, na prática, varia totalmente com cada fabricante e cada modelo.

Um retoque típico não chega a modificar a essência do projeto. Assim, quando ele sozinho provoca mudanças drásticas na aceitação do carro, seja boas ou ruins, o fabricante ganha um indicador forte do que deve fazer quando chegar a hora de executar mudanças mais complexas. Dois casos conhecidos são Chevrolet Malibu e Honda Civic na virada para a década atual: falhas grandes foram atenuadas com retoques feitos às pressas. Depois que o fabricante entendeu a situação, corrigiu-a por inteiro na mudança seguinte.

Outro campo de aplicação comum dos retoques é o fim do ciclo de vida do carro. Entre os de baixo custo, é comum que o fabricante precise mantê-los em linha por alguns anos mesmo após a vinda do sucessor direto. Um retoque "tardio" ajuda o modelo antigo a se encaixar na nova situação porque corta custos com detalhes de aparência e muda a lista de equipamentos de formas que conseguem até simplificar seu processo produtivo. Assim, torna-se possível vendê-lo sem que haja competição direta com o sucessor.

Facelift

Antigamente, este era o único tipo de atualização parcial que a indústria fazia. O facelift típico costuma vir no meio do ciclo de vida do carro e procura mudar o mesmo produto, nunca substituí-lo. Seu objetivo básico é manter o carro competitivo frente à concorrência, como sempre, mas o alcance maior em relação ao retoque permite ao fabricante traçar metas mais específicas. Assim, o facelift pode atender a carros de todas as categorias de mercado e que estejam em quase todas as etapas do ciclo de vida do projeto vigente.

Dianteira e traseira recebem mais atenção porque são as partes que nós observamos à primeira vista. Entradas de ar, parachoques, luzes, capô, tudo muda. Por dentro, vêm novos revestimentos, em geral com qualidade superior, mais equipamentos, e um redesenho moderado do painel. Também são comuns novidades no conjunto motriz, especialmente se o fabricante estiver implementando motores e câmbios mais eficientes. Por outro lado, a arquitetura geral do carro, também chamada plataforma, costuma ficar inalterada.

Carros inéditos, por exemplo, precisam construir imagem. Isso se faz com o passar do tempo e conciliando as qualidades trazidas pelo fabricante com a percepção que o público cria. Do lançamento até a época do facelift é tempo suficiente para que essa imagem comece a se estabelecer, então o fabricante pode executá-lo fortalecendo o carro na direção favorecida pelo público: pode torná-lo mais esportivo, mais requintado, mais simples... A tendência é de sua aceitação aumentar ainda mais e, com ela, suas vendas.

Entre carros já estabelecidos, cada mudança completa resulta arriscada porque pode fazê-lo fugir do que o público realmente deseja. O facelift é muito útil aqui porque consegue renovar o mesmo produto, ou seja, recuperar-lhe o ar de novidade sem deixá-lo diferente e/ou caro demais. O fabricante consegue até estender o ciclo de vida da geração vigente em alguns anos antes de realmente ter que trocá-la. No entanto, quanto mais vezes esse recurso é usado, mais chances tem de provocar críticas de público e imprensa.

O maior problema que o facelift pode trazer é uma dissonância entre as partes novas e antigas, especialmente na aparência externa. Isso é mais comum em carros populares porque seu facelift tem orçamento limitado e pode até prejudicar a imagem que o modelo já havia construído. Os fabricantes conseguem mitigar isso planejando os facelifts futuros desde o desenho inicial do projeto.

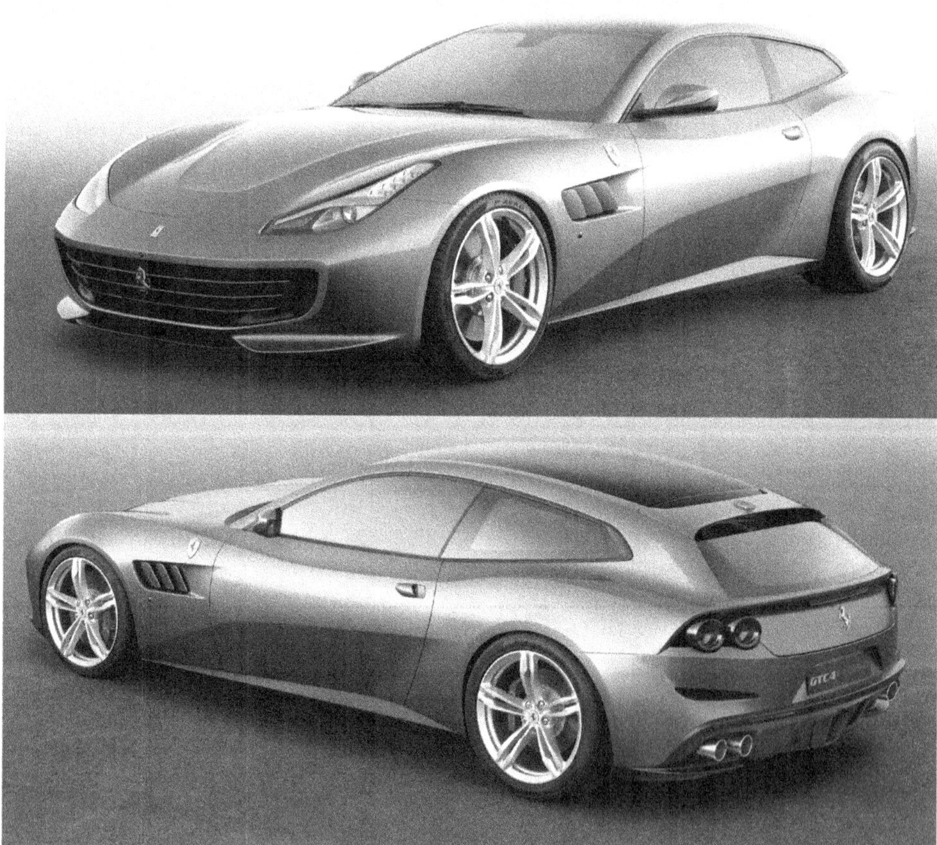

Reforma

Toda vez que uma ideia dá certo, a indústria começa a aplicá-la tantas vezes que ela acaba ganhando variações. Os retoques, por exemplo, são a variação de pequena monta dos facelifts. Como se pode imaginar, as reformas são o oposto: o tipo mais complexo de atualização aplicado a um projeto de carro que pode ser considerado parcial, ou seja, distante de uma geração inteiramente nova.

Em poucas palavras, a reforma consiste em mudar por completo tudo o que o consumidor vê e deixar intacto tudo o que ele não vê. A primeira parte disso significa retrabalhar aparência interna e externa, lista de equipamentos e até a estrutura de alguns componentes para ganhar em conforto e ergonomia. A segunda parte envolve motor, transmissão, freios, suspensão e plataforma, entre outros, pois qualquer mudança nestes requer completa reavaliação do comportamento dinâmico e do desgaste ao longo do tempo.

Na maioria dos casos, o fabricante escolhe a reforma por questões de custo: embora ela seja o tipo de atualização mais custoso visto até aqui, ainda é menos do que a troca de geração. Modelos de baixo custo, por exemplo, atraem mais pela relação custo/benefício do que por eventuais inovações técnicas, então têm chances maiores de vender bem trazendo melhorias que não impliquem em um aumento de preço excessivo, ou seja, grande o suficiente para colocá-lo em outra faixa e afastar o público-alvo que já formou.

Por incrível que pareça, reformas também são comuns nos carros esportivos. O fabricante investe pesado no comportamento dinâmico e, em segundo lugar, na habitabilidade ao passo que mantém sua imagem o mais próxima possível do carro antigo – a Ferrari FF, por exemplo, mudou até de nome mas preserva o formato geral da carroceria e a vocação de shooting brake, ou seja, modelo com quatro assentos e espaço para bagagem de fins recreativos. É como se esse modelo fosse e não fosse novo ao mesmo tempo.

A última grande aplicação da reforma é, na verdade, a vinda de um modelo novo com a plataforma do anterior. Os custos voltam a ser o maior motivador aqui, mas o que a indústria costuma fazer é uma reorganização de prioridades: ao cortar custos nas partes que não causam impacto direto, pode-se investir pesado em aspectos como design e equipamentos e, assim, construir imagem forte desde o início do ciclo de vida. É o caso inverso do retoque, em que a formação da imagem se planeja somente após alguns anos.

Nova Geração

Este é o suprassumo da atualização de carros. O tipo mais complexo sob todos os pontos de vista, o que provoca os efeitos mais profundos na imagem do carro, o que melhor é notado por público e imprensa e, naturalmente, o mais interessante para um fabricante. O termo "nova geração" se refere a quando o carro recebe o mesmo nome do antecessor, mas é claro que ele se aplica ainda melhor na situação de um carro inédito sob todos os pontos de vista.

O fabricante precisa planejar desde componentes mecânicos básicos até a estratégia de marketing, portanto faz um investimento altíssimo de tempo e dinheiro. A troca de gerações traz um mundo de opções para desenhar o carro, mas o que realmente a torna interessante sob o ponto de vista de análise é que nada disso garante que ele vai prosperar no mercado – as atualizações parciais resultam mais "seguras" porque mantêm algumas variáveis conhecidas, ao passo que o projeto novo está aberto a praticamente tudo.

O público pode adorar as novidades de conforto e tecnologia e ainda assim rejeitá-lo por ser caro demais. A cabine pode dar atenção demais ao estilo, por exemplo, e ter falhas inaceitáveis de ergonomia. O comportamento dinâmico pode ter perdido a esportividade que caracterizava o antecessor e assim por diante. Em qualquer categoria de mercado, o carro de sucesso não é necessariamente o melhor de todos, mas sim o que melhor compreende seu público consumidor e que se concentra em entregar o que ele deseja.

Como este é o tipo mais básico de atualização de carros, a experiência já adquirida pela indústria é imensa. Já se tentou evoluir o conceito do antecessor, mudá-lo por inteiro, impor tendências aos consumidores, materializar as tendências que eles começam a manifestar... a quantidade de erros já cometidos é grande, mas o trabalho duro dos fabricantes vem fazendo com que a quantidade de acertos seja maior e venha crescendo cada vez mais rápido. Para isso, têm investido cada vez mais em pesquisas de todo tipo.

Hoje em dia, pode-se afirmar que os fabricantes não têm receio em investir na troca de geração, mas somente quando ela é considerada completamente necessária. Neste caso, ela se planeja tendo em conta o histórico do modelo no mercado e, principalmente, o futuro que terá: uma geração nova bem desenhada inclui até estilo que seja fácil de atualizar ao longo dos anos, assim o fabricante se prepara melhor para qualquer resultado que o mercado mostre.

As maneiras de obter *Energia*

Carros podem funcionar com muito mais do que a queima de líquido.

A pesquisa por formas de propulsão sustentáveis tem quase a mesma idade da concepção básica do carro. Alcançá-la se torna um desafio grande porque tem muitas implicações no próprio automóvel e outras referentes a quem lida com ele: consumidores, fabricantes e governos.

O desenho de um novo sistema de energia deve buscar a eficiência de uso junto à simplicidade para implementar e manter, à facilidade de usar no dia-a-dia e ao custo mínimo. Tudo isso sem ferir a margem do lucro do fabricante ou os interesses dos governos dos países onde será vendido.

Por muitos anos, todos consideramos praticamente impossível quebrar o monopólio dos derivados de petróleo. Hoje, com pressão cada vez maior e de mais fontes, todos os envolvidos estão aliando esforços e já conseguindo resultados – formas mais sustentáveis para utilizar o automóvel.

Este capítulo faz apresentações breves de todos os tipos de propulsão que têm participação grande no mercadol. Depois delas, há uma parte dedicada às soluções que alcançaram seu auge de utilização e relevância no passado, mas que terminaram descontinuadas por motivos variados.

Gasolina

Antes de analisar as tão faladas energias alternativas, é interessante passar pela fonte *padrão*. Motores de combustão interna ficaram em alta por estar a bordo do Ford T, o qual fez grande sucesso há várias décadas por ser robusto, versátil e barato. Eles executam o ciclo Otto, o qual gera energia através de queimar um fluido com um procedimento controlado. Seu combustível mais comum é a gasolina, mas vários outros já foram testados ao longo dos anos.

Como se trata de uma máquina principalmente mecânica, parte inerente ao funcionamento do motor de combustão interna é a contínua fricção entre vários componentes: é uma fonte de desperdício de energia que sempre vai existir. Como tudo o que os fabricantes podem fazer é reduzi-la, grande parte dos estudos que vêm sendo executados nos últimos anos para melhorar este tipo de propulsor procuram, justamente, reduzir as perdas oriundas da fricção.

Os frutos desse esforço já conseguiram reduzir o caminho pelo qual o combustível é bombeado, injetá-lo nos cilindros com um fluxo que facilita a queima, realizá-la com a intensidade necessária para cada momento do uso do carro e até desativar alguns cilindros quando não se precisa de toda a capacidade do motor. E essas são somente as melhorias relativas à economia de combustível.

Este tipo de motor desencadeou um círculo vicioso com o Ford T no mercado: o sucesso do carro tornou o motor popular e motivou as pessoas a comprá-lo mesmo em outros modelos. Assim que os fabricantes identificaram essa tendência, concentraram seus esforços em atendê-la. Investiram nestes motores cada vez mais do que nos outros e, com isso, tornaram-nos cada vez mais interessantes. Eles dominam o mercado mundial até hoje, mas é possível afirmar que sofreram ameaças mais sérias a partir da década de 2000.

Hoje, fica até difícil de acreditar como a sociedade aceitou esse motor como padrão. Seu combustível é inflamável, não há forma de otimizar o armazenamento pois se trata de guardar líquido, o motor dissipa energia por calor e vibração e ainda precisa de componentes complexos para atenuar seu ruído e sua emissão de poluentes. Suas vantagens se concentram na concepção simples e barata, a qual foi fundamental para fazer sucesso nos tempos do Ford T.

O primeiro revés importante sofrido pelo motor de combustão interna foram as crises do petróleo na década de 1970. O problema era mais relacionado ao fornecimento da substância, mas serviu como uma primeira advertência sobre o quão dependente a indústria se encontrava dela. Não obstante, uma vez que os problemas com o fornecimento foram sanados, tanto a indústria como o público voltaram a padrões similares aos de antes rapidamente.

O problema só receberia a atenção devida nos anos 2000 porque apareceu o temor do esgotamento do petróleo. Embora a meta fosse zerar o consumo de petróleo, havia tantos obstáculos a superar que ela se mostrou impossível ou, pelo menos, alcançável em um prazo muito longo. A indústria acabou executando um processo parecido ao tratamento do vício de substâncias no corpo humano: começou a trabalhar no próprio motor de combustão interna.

Desempenho, por exemplo, era melhorado simplesmente através de usar um motor maior. A escola norteamericana levou isso a um nível cultural, com ditos como "não há substituto para o deslocamento". Embora essa linha de raciocínio tenha trazido incontáveis modelos que viraram ícones desde o lançamento, como os cupês de Chevrolet, Ford e Dodge, também colaborou para levar consumo de combustível e emissão de poluentes a níveis insustentáveis. Esse cenário só mudou quando o pensamento também mudou.

A mudança de pensamento comentada apareceu aqui quando a indústria deixou de se preocupar com o desempenho absoluto e começou a maximizar o relativo, ou seja, obter um determinado resultado com o mínimo de energia possível. Isso pode ser feito de várias maneiras, mas uma das mais famosas ganhou o nome downsizing: consiste em reduzir a cilindrada e compensar a capacidade com um uso maior de tecnologia embarcada. Os fabricantes vêm aplicando cada vez mais tecnologias para extrair mais do motor.

Para o consumidor, essa mudança de pensamento significa ver carros de uma determinada categoria oferecendo propulsores cada vez menores, mas capazes de entregar o mesmo desempenho ou até mais. Um exemplo disso é a norteamericana da imagem, a Ford F-150. A geração atual foi lançada trocando o motor V8 por um V6 equipado com turbocompressor. Quando ela foi redesenhada, o fabricante aproveitou para criar uma versão com motor híbrido.

De acordo com o que se mostra em outras partes do livro, motores modernos são mais eficientes, ou seja, aproveitam melhor suas fontes de energia; algumas tecnologias complementam isso ao reduzir o ruído e as emissões. No entanto, é claro que esse caminho não seria perfeito: a maior complexidade encarece a manutenção do motor e as diferenças na concepção afetam algumas características do comportamento dinâmico como o som. Este é o prinicipal motivo pelo qual muitos entusiastas preferem motores antigos.

Os motores a combustão interna estão melhores do que nunca. Um quatro-cilindros a gasolina, por exemplo, alcança níveis de desempenho que eram restritos aos grandes V8 de trinta anos atrás. A evolução foi tanta que vários fabricantes deixaram de desenvolver motores de doze cilindros, geralmente os maiores disponíveis para modelos de passeio, porque já é possível igualar seu rendimento e sua suavidade de funcionamento com opções mais eficientes. Contudo, nada disso significa que os fabricantes se acomodaram.

Toda tecnologia pode ser melhorada de maneira a render mais, mas o custo para isso aumenta exponencialmente à medida que se avança. Enquanto estes motores estão chegando ao limite admissível, as tecnologias de propulsão elétrica estão começando a trazer rendimento apropriado para o uso massivo e ainda têm grande espaço para melhorias. Os motores de combustão interna ainda são interessantes como estão hoje; investir mais já não compensa.

A tendência que o mercado vem desenhando é de relegar este tipo de propulsor aos usos emocionais. Ele provavelmente sempre terá espaço nos modelos esportivos porque suas características de funcionamento contribuem com a imagem que os entusiastas criaram ao longo das décadas – muitos elogiam até o cheiro do combustível. Os carros mais voltados ao dia-a-dia, como utilitários e de baixo custo, tendem a usar energias alternativas cada vez mais.

PREMIER

Diesel

Quando o mercado conta com duas ou mais tecnologias capazes de desempenhar a mesma função, seus fabricantes tendem a competir pela sobrevivência. Cada um procura tornar o seu produto melhor e conquistar mais clientes até que se chega a um fim entre os seguintes: um produto se mostra o melhor e domina o mercado ou as diferenças entre eles resultam grandes o suficiente para permitir que convivam desde que busquem consumidores diferentes. Entre os carros, um exemplo desse tipo é o de combustíveis.

O motor Diesel é mais novo que o Otto (o que usa gasolina) mas foi desenvolvido de maneira similar: nasceu de tentativas de aperfeiçoar ideias anteriores e teve várias outras aplicações antes dos automóveis. Os dois concentram suas diferenças no funcionamento e, como consequência, exibem-nas também no comportamento dinâmico. Este último grupo é o maior motivo pelo qual os dois tipos de motor de combustão interna não só não resistiram bem um aos avanços do outro como aprenderam a conviver no mercado.

Como se mostra no capítulo dedicado a componentes mecânicos, essas diferenças vêm do fato de que o diesel é processado de outra maneira. Suas características permitem entrar em combustão espontaneamente nas condições apropriadas, sem a faísca necessária no ciclo Otto. Isso implica um motor com menos componentes e menor desvio de energia para acioná-los: ao comparar um motor de cada tipo com tecnologia embarcada e capacidade similares, o Diesel quase sempre terá o menor consumo de combustível.

Na prática, observa-se que os motores Diesel alcançam potência menor e torque maior que os equivalentes a gasolina, característica que lhes confere aceleração mais forte e velocidade máxima menor. Outras características marcantes são os níveis elevados de ruído e emissão de poluentes, apesar de que a última só mereceu atenção nos últimos anos. Conforme mencionado nos parágrafos anteriores, essas características tornam o motor Diesel muito diferente do Otto e isso o torna apto a tipos de carro diferentes.

Se esse motor foi considerado desagradável nos carros de passeio, fez sucesso nos utilitários. Furgões, por exemplo, tiraram proveito da economia de combustível e não tornaram o nível de ruído um problema porque são um tipo de carro com outras prioridades. Embora os fabricantes continuassem encontrando como melhorar o motor Diesel ao longo dos anos, essa segregação se manteve forte por muito tempo. Ele só conseguiu ganhar espaço palpável em outras categorias de mercado mais adiante, na década de 2000.

Equipamentos como injeção direta, turbocompressor e sistema common-rail permitiram controlar melhor o aproveitamento do combustível. Com o passar do tempo, os motores Diesel ganharam em desempenho e consumo de combustível ao mesmo tempo que os fabricantes investiram mais no isolamento acústico e nas emissões de poluentes. Na virada para 2010, eles se tornaram comparáveis aos motores a gasolina em quase todos os aspectos, mas sem deixar de lado a maior vantagem: menor consumo de combustível.

A Europa sempre os utilizou lado a lado com a propulsão a gasolina nos carros urbanos, então seus fabricantes puderam estimular essa evolução dando-lhes mais espaço na linha: a Volkswagen, por exemplo, criou a versão GTD com caráter esportivo e movida sempre a diesel. Na América do Norte, esta propulsão ganhou certo espaço no mercado de picapes, especialmente nas versões voltadas ao trabalho pesado. É um passo grande considerando que esta região tem preferência histórica por motores a gasolina.

O Brasil é outro caso a destacar quando se fala no uso do Diesel mas de maneira diferente. A crise do petróleo dos anos 1970 levou o governo a aprovar duas medidas para tentar reduzir a dependência dos combustíveis derivados do petróleo. Uma foi o incentivo a substituir gasolina pelo etanol, combustível que este mesmo capítulo comenta mais adiante. A outra foi a proibição completa do uso do Diesel para uma grande parte dos veículos habilitados no país.

Com as novas regras, o diesel passou a ser permitido somente para automóveis utilitários que cumprissem uma série de requisitos técnicos. Na prática, o uso do combustível ficou limitado a ônibus, caminhões de vários tipos, e automóveis utilitários como picapes e utilitários esportivos. Além da questão do petróleo, o governo justificava a ação com os índices elevados de ruído e poluição atingidos pelos motores disponíveis na época. Desde então, houve tentativas de liberação, mas os fabricantes preferiram passar aos elétricos.

Passando a acontecimentos mais recentes, a contínua escalada da imagem dos motores Diesel foi interrompida em 2015 graças ao evento conhecido como *Dieselgate* – em poucas palavras, foi a descoberta de que motores da Volkswagen apresentavam emissões de poluentes particularmente baixas porque utilizavam um dispositivo eletrônico que mudava o comportamento do motor quando o carro era submetido a testes. Mais tarde, descobriu-se que outros fabricantes também tomavam medidas similares com seus carros.

À medida que as investigações avançaram, todo mundo entendeu que se tratava de um fabricante agindo errado. Contudo, essa situação serviu para questionar a aplicação do motor Diesel como um todo. Assim como o movido a gasolina, ele passou por diversas melhorias ao longo das décadas e alcançou um nível de rendimento inimaginável até pouco tempo atrás. Em contrapartida, ficou mais complexo do que nunca e tenderia a ficar exponencialmente mais para continuar atendendo à regulação mundial daqui em diante.

Hoje, a maioria dos grandes fabricantes passou a direcionar investimentos às energias sustentáveis em detrimento de gasolina e diesel ao mesmo tempo; alguns chegaram ao ponto de determinar um ano fixo para deixar de oferecer carros com motores movidos a combustão em suas linhas. Para isso, traçaram planos rígidos para implementar a propulsão elétrica gradativamente, de modo a criar uma demanda crescente e estável e tornar a transição completa o mais suave e proveitosa possível para seu público consumidor.

No texto anterior, comenta-se que a tendência para os próximos anos é de os motores a gasolina ficarem restritos aos carros esportivos por conta do apelo emocional. No caso dos motores a diesel, podemos esperar que se concentrem nos automóveis utilitários em um primeiro momento porque ainda são a opção que lhes traz uma relação custo/benefício mais atraente. Contudo, isso tende a mudar rápido em prol dos propulsores elétricos pelo simples fato de que estão sendo aperfeiçoados precisamente com esse propósito.

Híbrida

Muito se fala em abandonar o consumo de petróleo para mover carros com eletricidade. Gasolina e diesel usam recursos não-renováveis e seu uso prático traz vários problemas ao meio ambiente. Como há diversos métodos para gerar energia elétrica, ela não gera poluição adicional quando aplicada aos automóveis e ainda surge a vantagem de que os propulsores elétricos são mais eficientes. A sociedade sabe o caminho que deve seguir e está pesquisando maneiras de fazê-lo. O problema são os obstáculos que surgem.

Hoje, o caminho dos carros elétricos passa por necessidade de infraestrutura de recarga grande e confiável, estudar o impacto sobre o sistema existente de geração de energia elétrica, conflitos de interesses com empresas e governos, desenvolvimento de carros com rendimento satisfatório, acessibilidade à população de baixa renda e diferenças de legislação entre os países. Nenhum desses fatores impedem sua difusão, mas todos a tornam cara e lenta. Para não atrasá-lo mais, adotou-se uma solução intermediária.

O nome do sistema de propulsão deste texto vem de que ele associa combustão e eletricidade. Em linhas gerais, o carro tem um motor de cada tipo e usa uma central eletrônica para decidir o momento de aplicar cada um; na prática, o motor elétrico funciona como um ajudante do outro. Naturalmente, o carro conta com tanque e baterias ao mesmo tempo. O Toyota Prius foi o primeiro carro híbrido produzido em massa e já virou um ícone dessa tecnologia.

Os modos de funcionamento mais comuns são: elétrico sozinho em velocidades baixas, como no trânsito urbano, e combustão sozinha quando se precisa de mais desempenho, como na estrada. Se a condição requer força máxima, como em uma ultrapassagem, os dois motores trabalham juntos. Híbridos tradicionais recarregam as baterias a partir do próprio movimento, especialmente ao frear, mas já há modelos do tipo *plug-in*, mencionados mais adiante.

Esse esquema torna os carros híbridos particularmente interessantes no uso urbano porque reduzem o uso do motor a combustão justamente nas ocasiões em que ele consumiria mais combustível. Além disso, esta condição de uso apresenta frenagens frequentes, o qual facilita a recarga das baterias. Tudo isso faz com que os híbridos tenham consumo de gasolina maior na estrada e menor na cidade, quebrando o padrão histórico dos carros a combustão.

A propulsão híbrida resultou interessante não tanto pelos benefícios que gerou, mas sim por tê-los gerado com um impacto mínimo no padrão da sociedade. O problema do peso adicional das baterias vem sendo mitigado com os avanços da engenharia e o acréscimo de preço só tende a diminuir à medida que essa tecnologia se dissemina no mercado. De resto, ele representa uma mudança relativamente simples que, hoje, permite quase qualquer carro consumir menos combustível quanto mais for usado na cidade.

Fala-se em hoje porque, como se pode imaginar, essa situação começou bem diferente. Para usar o jargão da indústria, os primeiros híbridos eram "dedicados", ou seja, projetados especificamente para essa tecnologia. É o caso do Toyota Prius, cujo design externo pode parecer até estranho a princípio porque é mais comprometido com a aerodinâmica que a média. Uma vez que a tecnologia híbrida avançou, foi possível aproximá-la dos padrões do mercado.

Hoje, o mercado de híbridos inclui até SUVs como o Volvo XC90 da imagem. Como já era de se esperar, tal expansão provocou mudanças nos padrões da tecnologia. Os consumidores manifestaram o desejo de aplicar a propulsão elétrica cada vez mais e de sentir certa esportividade no comportamento dinâmico, portanto a indústria teve que retrabalhar seus planos. Os carros híbridos mais modernos respondem a essas tendências de três formas básicas.

Uma já foi mencionada alguns parágrafos atrás: o sistema chamado *plug-in*. Este híbrido traz baterias que podem ser recarregadas também pelo próprio usuário, seja usando tomadas comuns ou postos de recarga espalhados pela cidade. Assim, esta tarefa pode ser feita enquanto se deixa o carro parado, seja em casa ou no local de trabalho, e ele fica pronto para operar no modo elétrico por mais tempo e desde a partida; já não se depende só das frenagens.

Outra novidade é o seletor de modos de condução. Através da central eletrônica, ele oferece opções predesenhadas para deixar o funcionamento do carro mais esportivo, mais econômico ou focado no conforto, por exemplo. Os fabricantes podem criar modos específicos para o funcionamento híbrido tais como o esportivo, no qual o motor a combustão trabalha mais; o econômico, no qual se faz o inverso; e outros como a operação exclusivamente elétrica.

A terceira é mais recente e ficou conhecida como híbrida leve. Consiste em associar motor a combustão interna a um gerador elétrico de pequeno porte e a uma bateria. A propulsão continua sob responsabilidade do motor convencional, cabendo ao elétrico prover ajuda em situações de exigência elevada, como a partida; sua bateria é recarregada nas frenagens como nos híbridos regulares. Assim, o consumo diminui e as partidas ficam mais suaves.

Embora a tecnologia híbrida esteja mais eficiente do que nunca, sempre será um ponto intermediário entre os motores a combustão e os elétricos. É fácil criticá-la por não deixar o comportamento dinâmico empolgante como o dos motores a combustão nem chegar ao rendimento dos elétricos, mas é preciso lembrar que seu objetivo nunca foi qualquer um desses: ela procura disseminar a propulsão elétrica e começar a lhe gerar demanda. O caminho natural é, justamente, que ela dê lugar aos carros totalmente elétricos logo.

O comportamento mais provável do mercado é que a propulsão elétrica comece a ganhar espaço pelos modelos mais caros e progrida lentamente rumo aos demais, mas sempre precedida pela híbrida. Isso é desejável porque amortiza os incrementos de preço e dá mais tempo à população para conhecer as novas tecnologias e aos governos para planejar a implementação da rede de recarga da maneira que gere os menores impactos negativos possíveis.

Só não podemos afirmar que o ponto final da tecnologia híbrida é a obsolescência porque ela ganhou uma aplicação inusitada nos últimos anos: superesportivos. Carros como Porsche 918 Spyder e LaFerrari preservam seus motores a gasolina por conta da imagem emocional, como já foi comentado neste capítulo, mas empregam propulsores elétricos como coadjuvantes, focados em trazer força adicional em situações extremas. Essa é uma tendência com altas chances de garantir uma sobrevida para a tecnologia híbrida.

Elétrica

Embora esta propulsão pareça recente, o fato é que não só esteve presente desde o início da história dos automóveis como chegou a ser mais popular que os motores a combustão interna. Entretanto, isso parou no começo do século XX. Embora o motor elétrico seja suave e silencioso, trazia os problemas de autonomia pequena e recarga demorada. Bastou o Ford T fazer sucesso usando gasolina e os motores a combustão interna logo dominaram o mercado.

A situação veio a mudar depois de décadas. A indústria já havia avançado o suficiente para se desprender dos problemas antigos mas, ao mesmo tempo, deparou-se com outros novos como o impacto ambiental – a poluição do ar nas cidades, por exemplo, virou motivo de preocupação já no começo da época áurea dos carros a gasolina. Os motores a combustão viraram o vilão da história e a indústria se voltou aos elétricos para tentar reverter essa situação.

No decorrer do século XX, vários fabricantes investiram em pesquisa para voltar a produzir veículos movidos a energia elétrica e alguns levaram os resultados à produção, mas nenhum foi além do caráter experimental. O costume daquela época era de oferecer os carros ao público por um intervalo limitado como forma de realizar testes de funcionamento mais extensos e realistas e colher as impressões do uso em intervalos periódicos até a devolução.

Antes de passar à apresentação da parte técnica, é preciso esclarecer uma questão de termos. O termo "carro elétrico" se refere a todo aquele que utiliza eletricidade como forma de propulsão. Portanto, em teoria isso inclui modelos híbridos, microcarros e aqueles veículos dependentes do hidrogênio e da energia solar. O assunto deste texto, porém, é a parcela desses veículos que utiliza baterias. Na prática, esta é a aplicação mais comum desse termo.

Automóveis elétricos têm concepção parecida com a dos híbridos mas, obviamente, dispensam a parte da combustão. Em outras palavras, sua potência vem de um gerador elétrico e sua energia é armazenada em um conjunto de baterias. Outra característica marcante é que a transmissão é direta; não depende de uma caixa de marchas como os carros com motor a combustão. Isso lhes permite entregar potência e torque máximos desde a hora da partida.

A propulsão elétrica também tem desvantagens, é claro, mas o real motivo de ter sido deixada em segundo plano por tanto tempo é que as pessoas se acostumaram com o padrão do motor a gasolina e diesel. Os primeiros elétricos modernos fracassaram no mercado porque a tecnologia desenvolvida até então lhes dava autonomia baixa e baterias pesadas. Além de ter o desempenho prejudicado por tudo isso, eles causavam descontentamento pelo preço alto e, mais tarde, pelo que ganhou o nome inglês de "range anxiety".

A ansiedade de autonomia consiste no medo de que o veículo não terá energia suficiente para chegar ao seu destino e, portanto, deixará seus ocupantes abandonados em alguma parte do caminho. O termo foi criado pela General Motors nos anos 1990, depois de ouvir os usuários do seu modelo EV1, mas existe desde o início da história dos carros elétricos. Afinal, por mais que também haja o risco de o motor a gasolina ficar sem combustível, é muito mais fácil conseguir reabastecê-lo em uma eventual situação adversa.

Esse termo virou um símbolo de tudo o que impede as pessoas de realmente aceitar os carros elétricos e, mais tarde, virou o centro das atenções da indústria. Hoje, ela não trabalha apenas para aumentar a capacidade dos carros, mas sim também para assegurar as pessoas de que essa capacidade é suficiente. Dependendo do país, há redes extensas de pontos de recarga e/ou troca de bateria e GPS com função para encontrar os que estejam mais perto.

Como mostra o texto anterior, essa situação foi o que favoreceu o avanço da tecnologia híbrida no primeiro momento. Agora, tendo cada vez mais carros adotando a elétrica por completo, a indústria também criou uma modalidade de híbrido em que os papeis foram invertidos: o BMW i3, por exemplo, é um carro puramente elétrico e pode ter um motor a combustão apenas para recarregar as baterias em casos mais extremos, como durante viagens mais extensas.

Com todos esses recursos, pode-se afirmar que os motivos para aquele tipo de ansiedade estão ficando cada vez menores; hoje, o maior problema que assola os carros elétricos é mesmo o preço. A indústria vem trabalhando nisso em duas grandes frentes: o contínuo investimento em aumentar o mercado consumidor e a disseminação da oferta. Na Europa, por exemplo, já é possível levar carros convencionais em versão elétrica, como o Volkswagen Golf, e ainda escolher modelos específicos como o microcarro Renault Twizy.

Alguns fabricantes ainda recorrem à estratégia dos carros dedicados, ou seja, com desenho amplamente focado em maximizar o rendimento com a propulsão elétrica. Contudo, ela tende a cair em desuso nos próximos anos porque o carro como um todo está cada vez mais eficiente: materiais mais leves, elementos de design mais aerodinâmicos e baterias de maior capacidade. Carros tradicionais como hatchbacks e sedãs já estão alcançando um nível de eficiência que antes demandava projetos específicos para esse fim.

Levando tudo isso em consideração, optar por um carro elétrico já se tornou uma questão de definir prioridades, principalmente. O consumidor ainda precisa arcar com preço elevado e fazer certas concessões, especialmente de performance, mas estará dirigindo um veículo que causa menor impacto ambiental e que traz custos menores com energia: quanto mais rodar no dia-a-dia, mais cedo o investimento inicial retorna. Inclusive, é por isso que há projetos de incentivo à aplicação da propulsão elétrica em táxis e ônibus.

Vários fabricantes estão aproveitando a ascensão da propulsão elétrica para repensar suas linhas inteiras. Modelos que antes eram considerados indispensáveis estão passando por reinterpretações extensas ou mesmo correndo o risco de mudar por inteiro. A Fiat já atualizou o 500 com uma plataforma focada em motores elétricos, a Volkswagen está projetando toda uma família nova baseada nisso e a Ford, famosa pelas picapes de grande porte, está começando a implementar a tecnologia híbrida em modelos como a F-150.

Grande parte dos problemas atuais da propulsão elétrica tende a se resolver uma vez que ela se torne realmente popular. Cabe aos governos estimular essa difusão ao menos como um passo inicial. A partir daí, os fabricantes vão ser motivados a abrir novas fábricas, pesquisar mais para aprimorar suas tecnologias e, enfim, aproveitar melhor todo o potencial que os carros elétricos apresentam.

FIAT
DDM·9BD3

Etanol

Como mencionado no texto do diesel, este combustível tem uma relação íntima com o Brasil. O uso do etanol em veículos começou a ser estudado várias décadas atrás, mas isso nunca avançou pelo simples fato de que não havia uma necessidade real de substituir a gasolina e o diesel. A crise do petróleo dos anos 1970 teve impacto tão grande que forçou os fabricantes a repensar uma série de aspectos da produção de carros urbanos o mais rápido possível.

Pode-se afirmar que os Estados Unidos sofreram o maior impacto porque tinham o menor preparo. A predileção histórica por carros e utilitários de grande porte e o antigo acesso fácil ao petróleo conduziram a uma demanda de gasolina que simplesmente precisaria de muito tempo para mudar. Ásia e Europa não sofreram tanto porque já trabalhavam com alternativas há algum tempo, seja reduzindo o tamanho dos carros ou usando motores diesel em larga escala.

O governo brasileiro concentrou seus esforços no Proálcool, um programa de incentivos dedicado a substituir gasolina e diesel pelo etanol ao máximo possível. Ele também definiu a cana-de-açúcar como matéria-prima principal porque o país já a produzia em larga escala e, mais especificamente, o preço do açúcar se encontrava em baixa; isso facilitou as negociações com os usineiros para fazer a mudança. O primeiro carro movido a etanol surgiu em 1979.

A nova versão do Fiat 147 pôde ser projetada sem grandes mudanças mecânicas porque é possível processar o etanol usando o mesmo ciclo Otto dos motores a gasolina; na prática, a maior parte do trabalho consistiu em adaptar os componentes às propriedades químicas diferentes, sendo o menor poder calorífico uma das mais notórias. Com incentivo de parte do governo e pressão de parte do mercado mundial, os demais fabricantes aderiram rapidamente.

O público resistiu no começo, como é típico, mas cedeu rápido porque o etanol era uma solução bem apontada. Era barato, estava presente em cada vez mais carros e, em paralelo, ficava cada vez mais difícil usar gasolina – o desabastecimento da época chegou ao ponto de os postos fecharem à noite e nos finais de semana. No entanto, este cenário inicial durou pouco: as implicações do uso massivo do etanol se mostraram cada vez mais difíceis de aceitar.

O menor poder calorífico significa que um mesmo nível de rendimento requer maior consumo de etanol do que gasolina; para mantê-lo atraente, o ideal é que seja mais barato do que a gasolina nessa mesma proporção. Por outro lado, abastecer uma frota grande como a brasileira requeria grandes extensões de terra dedicadas ao cultivo da cana-de-açúcar, o qual limitava a produção de alimento. Outro problema era a demora para dar a partida no motor em dias frios: o usuário precisava esperar vários minutos até poder usar o carro.

Com pressão de tantas fontes diferentes, o contexto que tornou a iniciativa do etanol atraente mudou por inteiro em poucos anos. Os preços do petróleo se estabilizaram em meados da década de 1980 e, ao mesmo tempo, o açúcar teve aumento de preço, de forma que se tornou prioridade para os produtores. Em pouco tempo, o entorno reverteu de forma tal que deixou o etanol quase em desuso. Infelizmente, os maiores prejudicados foram aqueles que o utilizavam na prática, ou seja, os donos dos postos e os donos dos automóveis.

Os postos passaram a anunciar desabastecimento de etanol, os fabricantes de carros fizeram cortes drásticos nas suas opções que o utilizavam e as unidades que já rodavam viram o preço de revenda despencar porque não havia quem os comprasse. Como não havia muito o que o governo pudesse fazer, ele também desistiu de estimular o uso do derivado da cana. Ele só veio a receber atenção em grande escala novamente nos anos 2000, em um outro contexto.

A preocupação cada vez maior com o impacto ambiental e a reserva mundial de petróleo definiu a propulsão elétrica como centro das atenções mas, conforme visto nos textos anteriores, ainda seria preciso aprimorá-la muito para alcançar um padrão que satisfizesse o mercado. O etanol foi lembrado por ser uma opção simples e barata de implementar e que traria vantagens rapidamente. O Brasil saiu na frente dessa empreitada por conta da experiência acumulada na década de 1980 e no conhecimento prévio por parte do público.

A indústria local já trabalhava há algum tempo com uma gasolina particular, misturada com uma porcentagem fixa de etanol. Na nova fase, a novidade foi o chamado motor bicombustível: capaz de aceitar gasolina e etanol misturados em qualquer proporção. Este tema em particular é visto em mais detalhes em outras partes deste livro, mas representou um marco no uso do etanol porque não só reconstruiu sua imagem como tornou seu uso viável a longo prazo.

Em poucas palavras, o consumidor brasileiro despontou no uso do etanol porque ganhou a liberdade de trocar a gasolina por ele na época e no lugar que forem mais convenientes. A grande vantagem disso é protegê-lo da variação de fornecimento e de preço que possa ocorrer ao longo do ano, o qual torna seu uso mais seguro. Como toda tecnologia, o motor bicombustível enfrentou certa rejeição, mas ela se desfez rápido tendo em vista as vantagens que trouxe.

Como toda tecnologia nova, o uso do etanol foi alardeado pelos fabricantes nos anos 1970, quando começou a ser utilizado sozinho, e nos anos 2000 a bordo dos motores bicombustíveis. Os fabricantes chamavam atenção para a novidade elaborando nomes e logotipos baseados na ideia de flexibilidade: a Volkswagen, por exemplo, fez a Total Flex com foco em ter pronúncia fácil em vários idiomas. Já a Chevrolet criou a FlexPower com o intuito de causar impacto. Outros fabricantes foram conservadores e aplicaram somente "Flex".

Além do Brasil, o etanol também ganhou certo espaço em outros países – de acordo com a região, ele é produzido a partir de beterraba, mandioca ou milho. Como aquela mistura com a gasolina ficou comum, acabou ganhando uma nomenclatura padrão: a proporção usada no Brasil, por exemplo, é chamada de E25 porque tem 25% do seu volume correspondente ao etanol. Essa porcentagem já teve alterações ao longo dos anos, mas elas sempre foram pequenas.

Embora o etanol seja uma opção mais ecológica que a gasolina ou o diesel, as desvantagens do seu uso ainda o colocam em uma posição inferior à eletricidade na busca pelo transporte sustentável. Ele se comporta muito bem como paliativo, pois permite usar grande parte da tecnologia já disponível de uma maneira que anula o consumo de petróleo, mas gera um impacto excessivo no agronegócio e preserva todas as deficiências do motor de combustão interna.

Gás

O texto anterior mostra que a maior vantagem do uso do etanol em automóveis é seu caráter paliativo, ou seja, ser uma solução de aplicação simples e rápida. Na corrida em prol do transporte sustentável, ele atrai o interesse da indústria mais por isso do que por ser realmente mais ecológico que os derivados do petróleo. Os tipos de gás que podem ser usados como combustível de automóveis trabalham de forma similar: podem ser vistos como mais um paliativo.

O gás usado em automóveis é composto principalmente por metano e pode ser recolhido em jazidas de petróleo ou aterros sanitários; no último caso, recebe o nome de biogás. Ambos são passados por um extenso tratamento para alcançar as condições necessárias para o uso comercial e são levados aos automóveis na forma comprimida ou mesmo líquida. Embora haja motores exclusivos para o uso de gás, ele se tornou importante porque também pode ser usado nos motores Otto e Diesel tradicionais sem grandes mudanças.

Assim como o etanol, o gás oferece menor poder calorífico que o da gasolina e precisa ser mais barato para compensá-lo. Por outro lado, ele tem a vantagem de gerar gases de escape menos nocivos ao ambiente. Seu maior problema é o armazenamento: os tanques precisam ter paredes espessas no caso do gás comprimido e tecnologia criogênica no caso do liquefeito. Ambos precisam de capacidade grande para viabilizar o uso prático, portanto acabam trazendo volume e peso expressivos para se acomodar no automóvel.

No caso do gás comprimido, a pressão elevada obriga o tanque a ter formato esférico ou cilíndrico para que sua construção respeite algum tipo de padrão. Seria mais interessante ter formato irregular para se adaptar ao espaço disponível em cada modelo de automóvel, mas isso implicaria projetos individuais e com custo excessivo. O formato cilíndrico é o mais usado hoje em dia, mas continua sendo difícil de acomodar no porta-malas ou na caçamba sem desperdiçar grande parte do espaço disponível para a bagagem do usuário.

Ainda falando do uso prático, a preferência por usar gás em motores Otto e Diesel convertidos tem a vantagem do custo baixo mas também traz o problema do desempenho. Fazer um motor trocar de combustível pelo mesmo volume de outro de menor poder calorífico implica perdas de potência e torque. Carros pequenos sofrem mais com isso porque usam motores de baixa capacidade e porque seus donos são mais propensos a usar o gás por motivos de custo: tudo converge a que se rode muito em condições inferiores à ideal.

Por último, até a instalação do sistema pode ser problemática. As características do gás natural como combustível conduzem a que a maioria dos seus usuários tenha poder aquisitivo baixo e/ou utilize o carro para fins comerciais; esse combustível se torna atraente como alternativa barata à gasolina. Neste sentido, a maior barreira que se cria é o investimento inicial para comprar e instalar o equipamento, portanto muita gente acaba tentando fazer a conversão em oficinas de baixa qualificação e com componentes de baixa qualidade.

Em se tratando de gás manipulado com fins de combustão, qualquer falha na instalação pode conduzir facilmente ao desperdício do combustível no uso cotidiano e até mesmo a incêndios. Além disso, é preciso cuidado na instalação do bocal do tanque porque ela implica perfurar a carroceria. Quando isso se faz em uma parte metálica, forma-se um possível foco de corrosão ao longo dos anos porque é difícil replicar nessa região o nível de proteção vindo de fábrica. Em outras palavras, "o barato sai caro" se aplica perfeitamente aqui.

A conversão de motores para o uso de gás natural alcançou um nível elevado de qualidade hoje em dia mas, infelizmente, isso veio a partir da experiência acumulada com problemas. Com o passar do tempo, a demanda do público se viu equilibrada entre a vontade de economizar a longo prazo e os problemas do custo inicial para fazer uma boa instalação e a perda permanente de rendimento e de porta-malas. Isso concentrou a demanda em um uso mais racional.

Com o passar dos anos, o público-alvo do gás natural se desenhou de uma forma mais nítida e isso ajudou a indústria a atendê-lo melhor. A aplicação em larga escala derrubou os custos para instalar o equipamento nos carros e o ponto de recarga nos postos. Os fabricantes dos carros iniciaram parcerias com as empresas instaladoras para preservar a garantia de fábrica caso receba o equipamento de uma dessas parceiras. Isso também era uma fonte de problema pois considera-se que a instalação afeta a integridade do automóvel.

Enquanto o "gás natural" é composto principalmente de metano, o combustível chamado comercialmente de "Autogas" é uma mistura de butano e propano e também tem grande utilização em veículos especialmente em Coreia do Sul, Polônia e Turquia. Embora tenha propriedades químicas diferentes, repete a vantagem de poluir menos do que a gasolina e acaba cumprindo uma função similar.

Um dos avanços mais recentes no uso de gás como combustível é o investimento para lançar carros adaptados a eles de fábrica. Ou seja, com a instalação do equipamento feita pelo próprio fabricante. A Fiat faz isso no Brasil através do Grand Siena Tetrafuel, capacitado para rodar com gasolinas brasileira e pura, etanol e gás natural. Já a Lancia atua na Itália com uma versão do Ypsilon capaz de consumir gasolina, diesel, gás natural e Autogas. Ofertas assim acabam com os principais receios que ainda assolam os clientes em potencial.

Após receber melhorias de vários tipos, os equipamentos para o uso de gás conquistaram enorme importância no mundo automobilístico. Os locais de reabastecimento são numerosos, as instalações são mais confiáveis do que nunca e os equipamentos disponíveis têm capacidade satisfatória para a média de uso. As perdas de performance e de espaço no porta-malas ainda configuram problemas importantes, mas cada vez mais fáceis de aceitar frente às reduções do custo para reabastecer e dos índices de poluição gerada.

Assim como o etanol, os gases representam uma opção interessante aos derivados do petróleo e até à tecnologia híbrida quando se fala em tecnologias paliativas, ou seja, as que diminuem o impacto ambiental em menor proporção mas com custo também menor. Seja pelas vantagens ambientais ou pela simples fuga do preço alto das outras opções, eles estão atraindo cada vez mais atenção no mercado. O público-alvo confia neles cada vez mais e responde com as vendas, o qual só se traduz na vinda de mais melhorias.

Hidrogênio

Gasolina e diesel proporcionam desempenho elogiável mas provocam muita poluição e são atrelados à escassez do petróleo. Gás natural e etanol são substitutos de aplicação simples e barata, mas prejudicam o rendimento e conduzem a outros problemas específicos. Propulsão elétrica com baterias é eficiente e vem ficando cada vez mais acessível, mas seu potencial ecológico sempre dependerá de como se produz a energia elétrica que os carros vão utilizar. Nos últimos anos, o hidrogênio vem lutando por espaço nesta lista.

Sob o ponto de vista das fontes de energia, este último é um dos elementos mais abundantes na natureza. A tecnologia que o utiliza pretende oferecer autonomia e tempo de recarga similares aos dos motores de combustão interna e, ao mesmo tempo, emitir poluentes a nível baixo como o dos propulsores com bateria – e ainda com a possbilidade de compartilhar alguns componentes com estes. Como se isso não fosse suficiente, propulsores a hidrogênio ficaram famosos porque seu principal subproduto de escape é água pura.

Tudo isso ajuda a entender o frenesi com o qual a indústria tem trabalhado para tornar essa tecnologia viável para o uso massivo. A apresentação feita aqui começa com esclarecimento pequeno, mas comumente despercebido: estes carros continuam sendo chamados de elétricos, pois são movidos a energia elétrica. A maior diferença é que utilizam o hidrogênio como fonte de energia em vez de baterias recarregáveis ou um motor a combustão com função de gerador.

Aqui, o sistema armazena o hidrogênio em tanques de alta pressão e suas moléculas são consumidas pela "célula de combustível". Este dispositivo força a passagem do gás através de uma membrana recoberta por platina de modo a separar os elétrons e os prótons e enviá-los a finalidades diferentes. Os primeiros são realmente úteis porque produzem a corrente elétrica que vai acionar o motor. Já o segundo grupo será combinado ao gás oxigênio da natureza e, em seguida, descartado como a água pura mencionada no começo.

Tudo isso corresponde à geração de energia: daí em diante, os carros a hidrogênio podem utilizar toda a parte de propulsor e transmissão semelhante à de qualquer carro elétrico a baterias. Na prática, isso possui grande potencial para viabilizar a tecnologia porque permite o compartilhamento de muitas peças especialmente em um caso como o Toyota Mirai da imagem, cujo fabricante também fabrica vários outros modelos de porte semelhante incluindo uma ampla linha de elétricos. Há muitas oportunidades de corte de custos.

Por falar no Mirai, a informação divulgada à época do lançamento é de que ele gera cerca de 62 mL de água pura a cada quilômetro rodado; embora não seja potável, pode ser reaproveitada para várias outras finalidades. Não obstante, é necessário repetir a análise dos carros a bateria: os movidos a hidrogênio minimizam apenas o impacto ambiental próprio. Para se estimar quanto realmente ajudam na prática, é preciso considerar todo o processo com o qual se obtém o hidrogênio e com o qual ele se transporta até o automóvel.

A maneira mais usada para se obter hidrogênio é a reação de eletrólise, na qual ele é dissociado do oxigênio. Esse processo utiliza energia elétrica, então é muito importante que ela venha de fontes renováveis. Seguindo o mesmo raciocínio, deve-se garantir também que ele seja transportado às estações de recarga de maneiras sustentáveis. Hoje, a maior parte do hidrogênio disponível é produzida a partir do gás natural e transportada com caminhões que utilizam motores a combustão interna. Isso reduz o benefício total obtido.

Passando ao uso prático, as semelhanças com os carros elétricos a bateria continuam: o motor produz ruído mínimo e a transmissão é direta, oferecendo potência e torque a nível máximo desde o começo e sem a necessidade de redução por marchas. Infelizmente, toda tecnologia também tem desvantagens e esta não é diferente. Em poucas palavras, o maior problema que assola a propulsão a hidrogênio é a viabilidade de comercialização dos automóveis em si e do estabelecimento de uma rede de pontos de recarga extensa.

No caso dos automóveis, os problemas são o custo dos sistemas e o volume dos tanques. Os fabricantes vêm trabalhando incessantemente para mitigar tudo isso, é claro, mas o estágio atual ainda é primário. Para oferecer rendimento aceitável, os carros precisam de recursos como tanques feitos de fibra de carbono, um material ainda custoso; design focado na aerodinâmica, o qual pode desagradar a muita gente; e comportamento dinâmico inteiramente voltado à economia, o qual afasta o carro de quem tem perfil mais emocional.

Outra fonte de problemas está na rede de recarga: o público só vai se sentir confortável para usar os carros a hidrogênio em massa quando forem fáceis de abastecer. A solução é instalar mais pontos e em lugares cada vez mais espalhados, mas é claro que tudo isso tem um custo ainda proibitivo. Alguns governantes já vêm se mobilizando para ajudar nisso através de subsídios, os quais conseguem estimular a construção de mais pontos e, indiretamente, o aumento da demanda. Este é o caso da Califórnia, nos Estados Unidos.

O Toyota Mirai é um dos poucos modelos já vendidos ao público de forma regular; a Honda e a Hyundai, por exemplo, já ofereceram o FCX Clarity e o Tucson Fuel Cell ao consumidor como uma etapa dos seus projetos. As unidades eram entregues na modalidade leasing, em que o usuário paga uma taxa menor que a prestação típica de uma compra, mas devolve o carro após um determinado período. A intenção disso não é colocar muitos carros nas ruas, mas sim obter informações práticas sobre seu funcionamento a longo prazo.

Como é natural na indústria, esta tecnologia fica cada vez mais viável de se utilizar em massa a cada ano. Cada projeto que obtém resultado positivo estimula o próprio fabricante a continuar investindo nela e isso, por sua vez, força a concorrência a procurar formas de não ficar para trás. À medida que se conseguir reduzir os custos repassados ao consumidor, será possível oferecer carros com propostas mais variadas, como versões de alta performance, com preparo para o fora-de-estrada e até com conjunto de baixo custo.

Em comparação com a tecnologia elétrica com baterias, pode-se afirmar que a de hidrogênio se encontra um passo atrás no caminho rumo à aplicação massiva. Além do procedimento típico de procurar aumentar a autonomia alcançada na prática e reduzir os custos de produção, será muito interessante procurar maneiras de aproveitar de forma sistemática a água que se emite como subproduto. Assim, os carros movidos a hidrogênio se tornarão uma opção ainda mais interessante na busca por meios de transporte sustentáveis.

Outros

Quando se fala em desenvolvimento tecnológico, é comum que o material dê maior atenção às criações que "deram certo". Ou seja, aquelas que obtiveram eficiência adequada e aceitação de mercado suficiente para motivar a indústria a oferecê-las em massa. Porém, é interessante lembrar dos erros que surgiram pelo caminho; muitas vezes, são eles que ajudam o fabricante a encontrar a direção certa. Este texto se dedica às formas de propulsão que fracassaram.

Agora, a pergunta mais pertinente a fazer é simples: por que algo tão indispensável como uma fonte de energia para veículos poderia fracassar perante o público? O fato é que isso se trata de uma mudança grande, pois implica trocar de carro e de costumes ao usá-lo; o público só vai fazer essa mudança se realmente houver necessidade e se não for caro e/ou incômodo demais para aplicá-la. Uma fonte de energia nova precisa atender as necessidades do momento sem gerar problemas novos para consumidores e fabricantes.

O primeiro exemplo daqui foi altamente utilizado décadas atrás. Gás de síntese se obtém com a queima de sólidos como carvão e madeira. O equipamento gerador é chamado gasogênio e queima o material com fornecimento de ar reduzido, de modo a realizar combustão incompleta. O resultado desse processo é uma mistura de gases residuais que pode ser consumida por motores de ciclo Otto e Diesel sem a necessidade de efetuar grandes mudanças mecânicas – caso similar ao dos gases naturais vistos anteriormente aqui.

Essa tecnologia teve uso massivo na época da Segunda Guerra Mundial porque suas características atenderam as necessidades da situação: o petróleo estava em falta em muitos lugares, a indústria não estava em condição de desenvolver algo melhor e, mesmo que o fizesse, grande parte do público não poderia comprá-la. A urgência de baratear o transporte chegava ao ponto de se instalar os tanques e tubos do gasogênio por fora do carro para minimizar os custos.

Como se o perigo dessa instalação não fosse problema suficiente, o poder calorífico do gás de síntese é baixo: o desempenho dos carros já era baixo na época e ficava ainda pior. Além disso, o sistema levava muito tempo para ser ativado e desativado e ainda havia a necessidade de manutenção frequente, a qual muitos donos não respeitavam. Assim que a situação da sociedade começou a voltar ao normal, o gasogênio foi substituído pela combustão interna.

Outro projeto que alcançou muita fama em sua época foi desenvolvido pela Chrysler nos anos 1960 e 1970: o propulsor de turbina. A tecnologia já era conhecida da indústria mas, até então, só havia chegado a carros-conceito em salões automotivos ou projetos para quebrar recordes de velocidade. O modelo da Chrysler era parte de um estudo, mas foi o primeiro (e único, até agora) a chegar ao consumidor comum. E por fora, ele não diferia do que se via nas lojas: o estúdio italiano Ghia lhe deu estilo futurista e muito imponente.

O grande destaque era o funcionamento do motor, pois permitia trabalhar com virtualmente qualquer líquido – segundo a propaganda da Chrysler, de óleo de amendoim a Chanel n° 5. Havia algumas inconveniências no uso prático, mas nada que trouxesse problemas graves. Os testes foram executados em cinquenta unidades cedidas ao público e permitiram à empresa acumular grande experiência. O resultado, no entanto, foi negativo: a tecnologia foi considerada cara demais para o uso em massa e o Turbine Car foi descontinuado.

Outros experimentos foram realizados na década de 1970 como tentativas de contornar os efeitos a crise do petróleo. Um deles foi o estudo de óleos vegetais de mamona e soja. Uma aplicação notória foi o motor Elsbett, que é mostrado no capítulo dos elementos mecânicos. No Brasil, alguns fabricantes seguiram essa linha com a adaptação de motores a diesel de caminhões, pois sofreriam menos com a típica perda de rendimento. Entretanto, esse experimento não foi produtivo o suficiente para dispensar o derivado do petróleo.

A última fonte de energia alternativa mencionada neste texto é a solar. Ela se baseia nas células fotovoltaicas, que são uma tecnologia mas recente, portanto ainda está dando os primeiros passos no uso em automóveis. O sistema utiliza paineis cobrindo o máximo possível da área externa diretamente exposta ao sol e baterias para armazenar energia durante todo o tempo em que o carro esteja exposto. Assim, garante-se o máximo de energia possível para que ele funcione também durante a noite e/ou período de tempo nublado.

Entre as desvantagens, estão os já esperados custo geral elevado e o peso das baterias, mas há outra maior: a disposição eficiente dos paineis vai de encontro ao formato típico de um carro. Qualquer elemento que o torne mais prático, como mais espaço para pessoas e bagagem, também consome mais energia e demanda maior área com paineis para obter o mesmo rendimento. Até o momento, a geração e o armazenamento de energia solar em automóveis só é suficiente para aplicações muito específicas, como competições.

Como já se comentou, as próprias características de cada tecnologia vista aqui foi a principal razão de terem caído em desuso. O gás de síntese foi aposentado pela inconveniência geral; as turbinas resultaram muito frágeis para o uso em automóveis; os óleos vegetais não têm vantagens grandes o suficiente para motivar o abandono dos derivados de petróleo; e o uso da energia solar ainda é muito imprático em automóveis. À exceção da primeira, todas as tecnologias também levariam tempo até ter seus custos amortizados.

De um modo geral, todas até resolvem o problema do consumo de petróleo mas geram outros. Embora não sejam graves do ponto de vista ambiental, afetam diretamente a relação do carro com seus consumidores – é preciso reconhecer que o usuário típico aprecia a ideia do transporte sustentável, mas não vai abraçá-la se significar abrir mão de conforto ou de capacidades como autonomia e volume do porta-malas. Quando esses problemas são tratados, vira apenas uma questão de tempo para que a demanda comece a crescer.

Hoje em dia, o público se conscientizou que os combustíveis derivados de petróleo não têm um futuro próspero frente às demandas ambientais cada vez maiores. A indústria, por sua vez, já tem tecnologias capazes de resolver o problema e maneiras de torná-las cada vez mais acessíveis. Agora, os esforços se concentram em aplicar as tecnologias aos carros de maneiras que estimulem o aumento da demanda do público ao redor do mundo. Este será o real catalisador do processo para tornar o uso de automóveis mais sustentável.

Os encantos da parte

Mecânica

Complexa, intrincada e vasta, sem dúvida.
Mas fascinante na mesma medida.

A pesquisa por formas de propulsão sustentáveis tem quase a mesma idade da concepção básica do carro. Alcançá-la se torna um desafio grande porque tem muitas implicações no próprio automóvel e outras referentes a quem lida com ele: consumidores, fabricantes e governos.

O desenho de um novo sistema de energia deve buscar a eficiência de uso junto à simplicidade para implementar e manter, à facilidade de usar no dia-a-dia e ao custo mínimo. Tudo isso sem ferir a margem do lucro do fabricante ou os interesses dos governos dos países onde será vendido.

Por muitos anos, todos consideramos praticamente impossível quebrar o monopólio dos derivados de petróleo. Hoje, com pressão cada vez maior e de mais fontes, todos os envolvidos estão aliando esforços e já conseguindo resultados – formas mais sustentáveis para utilizar o automóvel.

Este capítulo faz apresentações breves de todos os tipos de propulsão que têm participação grande no mercadol. Depois delas, há uma parte dedicada às soluções que alcançaram seu auge de utilização e relevância no passado, mas que terminaram descontinuadas por motivos variados.

Direção

Quando se fala de automóveis, o termo "direção" geralmente se aplica como a abreviação de "coluna de direção". Trata-se do mecanismo que permite ao motorista girar as rodas do veículo e, assim, mudar sua trajetória estando em movimento. É ele que permite fazer curvas, mudar de faixa e manobrar para estacionar em uma vaga. O sistema é operado pelo motorista através do volante, cuja rotação é transmitida às rodas com certa atenuação para exigir menor esforço e, ao mesmo tempo, evitar que se faça um movimento brusco.

Os primeiros sistemas eram puramente mecânicos. Eram baratos e simples de fabricar, mas exigiam tanto esforço dos motoristas que caíram em desuso uma vez que surgiram os primeiros sistemas de assistência. O tipo mais comum da chamada "direção assistida" é o hidráulico, mas o mercado atual já oferece vários outros ao mesmo tempo, cada um com suas vantagens e suas desvantagens. Esses sistemas são, precisamente, o foco desta parte do capítulo.

Em poucas palavras, a assistência hidráulica usa um fluido confinado em um sistema de tubos que o divide em duas partes e as faz pressionar um êmbolo de lados diferentes; este êmbolo está diretamente vinculado ao giro das rodas. Quando o carro se movimenta em linha reta, o fluido se divide pela metade e cada uma pressiona o êmbolo com a mesma intensidade em sentidos opostos: um esforço anula o outro e a direção final do automóvel não muda em nada.

Quando se movimenta o volante, um mecanismo associado a ele aciona uma válvula que, por sua vez, fecha uma das passagens que dividia o fluido. Agora, ele chega ao êmbolo em quantidades desiguais entre um lado e outro, portanto há um esforço resultante e isso aciona o mecanismo que efetivamente gira as rodas. A intensidade usada pelo motorista no volante afeta o fechamento daquela passagem e, com isso, a rotação que se aplica às rodas. Feita a curva, o sistema volta à linha reta bombeando o fluido ao lugar inicial.

Uma das primeiras evoluções da direção hidráulica é a sensibilidade à velocidade. O sistema ganha uma válvula de acionamento elétrico que controla a pressão nos condutos mencionados e, assim, reduz a transmissão do giro do volante ao das rodas. Essa válvula exerce a sua função com intensidade inversamente proporcional à velocidade do carro: um mesmo movimento do volante afeta mais as rodas em velocidades baixas e menos em velocidades elevadas. O nome mais comum disso é direção com "assistência regressiva".

Esse recurso é muito útil nos dois casos. A situação mais comum em que se dirige a velocidades baixas é manobrando para estacionar, portanto fazê-lo com uma direção torna tudo mais fácil. No caso oposto, velocidades altas são utilizadas principalmente na estrada; ter um volante menos responsivo é fundamental para passar mais segurança ao motorista em movimentos corriqueiros como uma ultrapassagem ou a simples correção de trajetória na própria faixa.

A direção hidráulica caiu no gosto do mercado graças à eficácia: resolve os problemas existentes sem gerar outos. Uma vez que chegou à produção em massa, a indústria se dedicou simplesmente a melhorar o seu conceito. Um resultado disso foi a criação do sistema eletroidráulico, que emprega um motor elétrico para acionar a bomba que garante ao fluido a pressão de trabalho. Embora use menos energia, ele não prosperou porque encareceu a manutenção geral; afinal, trata-se de usar dois equipamentos de assistência em um.

A direção assistida entrou mesmo em uma nova fase no final da década de 1980 graças ao sistema inteiramente elétrico. Neste caso, o movimento do carro e o giro do volante são detectados por um grupo de sensores. Estes calculam a rotação mais apropriada para as rodas e enviam o sinal correspondente ao motor elétrico que, por sua vez, efetua a rotação. Embora a conexão entre volante e rodas já não seja direta, o sistema elétrico gasta menos energia do motor porque tem menos peças para acionar e gera menos fricção.

Como mencionado anteriormente, a necessidade de solucionar problemas sem criar outros é crucial em um sistema tão importante quanto a direção do carro. Os sistemas de acionamento elétrico são muito eficazes para tornar a operação mais fácil e versátil, mas trazem insegurança em caso de falha porque o volante perderia a função. A indústria resolveu isso incluindo um sistema mecânico em paralelo para funcionar apenas nessa situação. É um retrocesso que vale a pena aplicar para garantir a tranquilidade dos usuários.

Entre os sistemas apresentados nos últimos anos, a indústria se voltou em massa à direção elétrica por ser a mais adequada ao automóvel moderno. Utiliza menos componentes mecânicos de grande porte, tem operação mais flexível e ainda é mais fácil de se integrar com as outras funções do automóvel – a primeira mais notória foi a assistência regressiva, mas ela logo ganhou companhia do seletor de opções do comportamento dinâmico. Este agrupa várias configurações do carro de acordo com o desejo do usuário no momento.

Esta inovação tem sido útil para contornar um dos maiores motivos de reclamação da direção elétrica: a perda de sensibilidade no volante. O sistema seletor traz modos como fora-de-estrada, urbano, esportivo e focado na eficiência energética, cada um composto por uma série de parâmetros configurados previamente pelo fabricante. Alguns modelos mais sofisticados vão além e permitem ao usuário criar um modo customizado, em que ele mesmo ajusta esses parâmetros livremente para alcançar o comportamento que desejar.

O sistema de direção também conta com outro equipamento que melhora o seu funcionamento, mas seguindo um caminho bem diferente: as quatro rodas direcionais. Quando o carro está a baixas velocidades, as rodas traseiras giram em direção oposta à das outras para reduzir o diâmetro de giro e, com isso, facilitar as manobras. A velocidades altas, todas as rodas giram na mesma direção para aumentar a estabilidade do carro durante a mudança de direção. Naturalmente, o giro das rodas traseiras é sempre pequeno e suave.

Com tantos sistemas à disposição, os fabricantes podem definir a configuração mais adequada para cada modelo. Os mais populares mantiveram o sistema hidráulico por muitos anos principalmente por questão de custo, mas a assistência elétrica vem ganhando espaço mesmo entre eles porque as vantagens que ela oferece estão ficando cada vez mais atraentes. Já as quatro rodas direcionais trazem melhoria de fato apenas em casos extremos, como o dos carros de alta performance, então têm aceitação mais restrita no mercado.

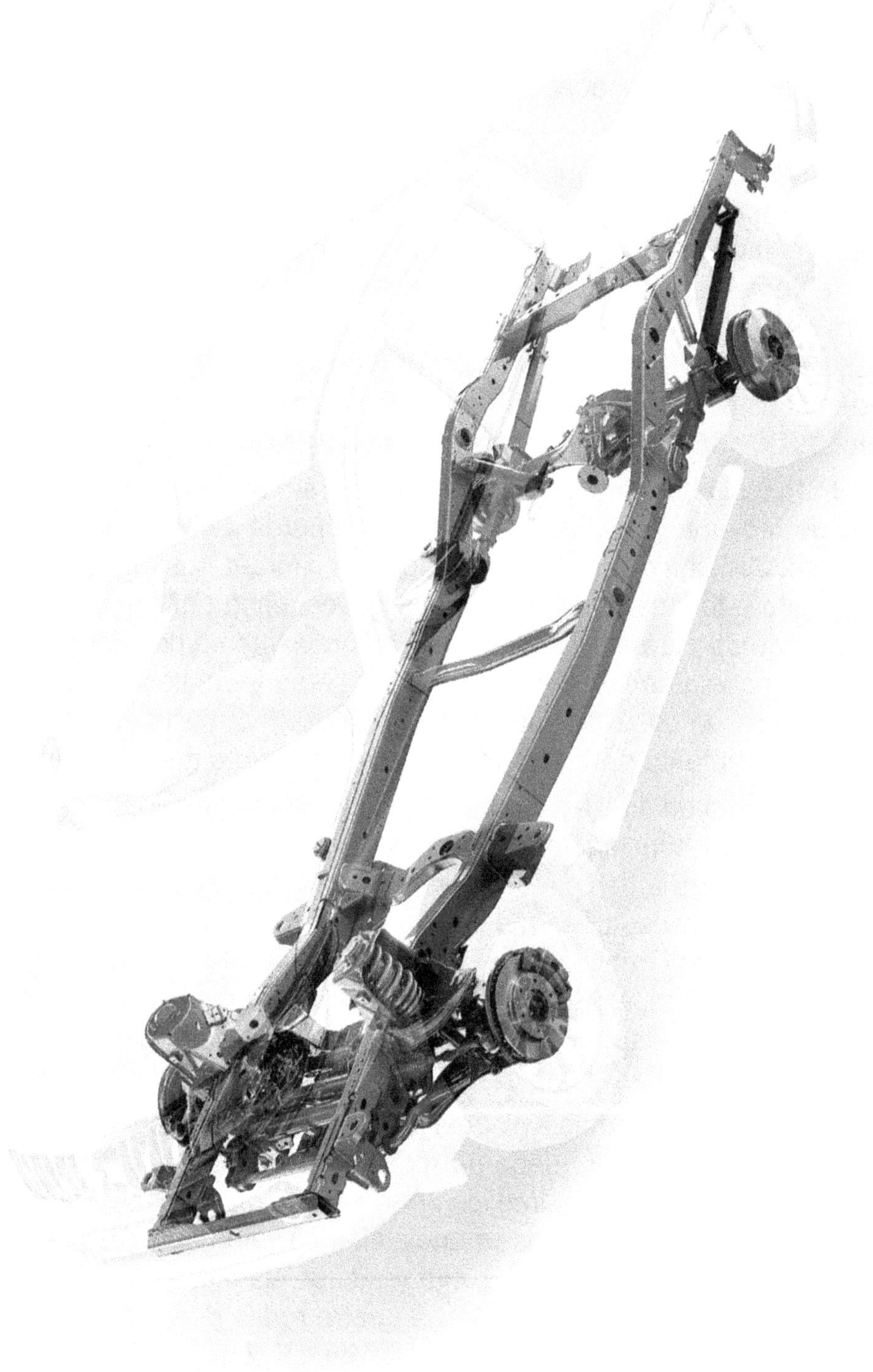

Estrutura

No corpo humano, o esqueleto tem como principal função o suporte; é o que nos permite ficar em pé com segurança e fazer todas as atividades que disso derivam. No caso dos automóveis, componentes como carroceria, trem-de-força, freios e equipamentos internos também precisam de suporte, é claro, mas há várias opções de estrutura para cumprir essa função. Cada uma tem suas vantagens e desvantagens e, por isso, resulta mais apropriada para determinados tipos de carro e em determinadas situações de uso prático.

O primeiro tipo de estrutura utilizado em massa se chama carroceria sobre chassi. Em poucas palavras, consiste em um grupo de barras, geralmente unidas por solda, desenhado de modo a oferecer o máximo possível de resistência mecânica. Essa estrutura precisa suportar cargas estáticas (o peso de todos os componentes do carro) e dinâmicas (forças que surgem a partir do movimento do carro) e devem resistir o máximo possível às colisões – afinal, a sobrevivência dos ocupantes do carro é diretamente relacionada a isso.

Os primeiros chassis eram feitos de madeira mas deram lugar ao aço em pouco tempo porque este oferece uma combinação de custo e resistência muito mais favorável. A partir da década de 1930, a indústria se dedicou a procurar melhorar o chassi: trabalhou sobre a geometria das barras, o método para uni-las e o desenho do conjunto. A meta era obter o nível desejado de resistência usando cada vez menos barras porque isso deixa os automóveis mais leves e, em consequência, reduz o seu consumo de combustível esperado.

As vantagens do chassi eram importantes especialmente na metade do século XX, em que o automóvel ainda estava começando a ser visto como produto de consumo em massa. A resistência vinha toda dele, de forma que a carroceria ficava mais simples e barata de construir; a produção podia ser repartida entre várias fábricas e, em impactos leves, bastava substituir as peças afetadas. Além disso, o estilo podia ser atualizado com menos trabalho, o que era de grande ajuda quando não havia ajuda de computadores. No entanto, havia desvantagens grandes e elas não demoraram a aparecer.

Alguns desenhos de barras foram abandonados por serem muito propensos à corrosão. Para obter a resistência necessária apenas a partir do chassi, as barras se tornam pesadas e/ou é preciso recorrer a materiais de custo elevado. Além disso, o conceito do chassi impede que se aplique o recurso de zonas de deformação programada, o qual se tornaria muito importante e é visto mais à frente no texto. A solução foi partir para outra estrutura, chamada de "monobloco".

Neste caso, chassi e carroceria são integrados para formar uma só estrutura resistente. Ela é construída a partir de várias peças fabricadas individualmente e soldadas, outras produzidas por inteiro a partir de fundição e/ou uma combinação de ambas possibilidades; a solução varia de acordo com o fabricante. A maior diferença para o chassi está no fato de que todos os componentes mencionados são submetidos ao esforço mecânico. Sob o ponto de vista técnico, isso permite que a exigência sobre cada componente seja mais baixa.

No geral, as características do monobloco o tornam uma solução oposta ao chassi. Como seus componentes são menos solicitados mecanicamente, podem ter geometrias menores e pesar menos. A desvantagem mais importante aparece na manutenção, pois quase qualquer acidente acaba afetando alguma das suas partes. A indústria lida com isso trabalhando no seu desenho: o monobloco é quase restrito à cabine, deixando apenas o suporte para peças como capô, parachoques e tampa do porta-malas para facilitar seus reparos.

Uma consequência marcante desse desenho é que as porções dianteira e traseira do carro são independentes do monobloco; quando o fabricante precisa realizar uma atualização visual priorizando o custo baixo, pode fazê-lo ao trabalhar apenas nelas. É por isso que a maioria das atualizações de meia-vida mantêm a parte central da carroceria intacta ou com mudanças puramente cosméticas. Essa imposição requer um trabalho complexo para não causar dissonância visual, mas a maioria dos carros trazem resultados positivos.

O recurso das zonas de deformação programada, mencionado alguns parágrafos atrás, é uma inovação mais recente dos monoblocos. Consiste em aplicar materiais de características diferentes entre uma parte e outra da cabine para tornar o comportamento mecânico em caso de colisão mais previsível e fazê-lo proteger os ocupantes o máximo possível. Essa é uma das diferenças significativas entre os carros antigos e atuais em termos de segurança ativa, a qual protege os ocupantes durante e logo após o evento de um acidente.

Você pode compreender este conceito com um experimento simples: coloque um celular e uma almofada em uma mesa e empurre cada um levemente com os dedos. O celular é rígido, portanto transmite todo o esforço em forma de um leve movimento. Já a almofada sempre vai deformar primeiro; algumas nem chegam a se mover. O celular representa os carros antigos, em que toda a estrutura usava os materiais mais rígidos que havia, e a almofada representa os carros modernos, que trazem zonas de deformação programada.

As estruturas antigas transmitiam toda a energia da colisão aos ocupantes, o que facilitava causar-lhes ferimentos e até a morte. Já um carro moderno deforma principalmente suas porções dianteira e traseira para absorver o máximo possível dessa energia. Já a cabine recebe menos e ainda utiliza materiais mais resistentes, portanto o impacto que realmente chega aos ocupantes se torna mínimo. Por isso, ela várias vezes é referida como "célula de sobrevivência".

Atualmente, chassi e monobloco são utilizados quase sem competir. O primeiro é o favorito entre picapes, caminhões e SUVs graças à maior resistência, aos custos reduzidos, e à pouca necessidade de fazer atualizações de estilo. Já o outro é amplamente utilizado nos modelos de vocação urbana por causa do menor peso, dos benefícios de segurança, e porque os fatores mencionados reduzem o problema que havia com as atualizações. Já carros de competição utilizam estruturas particulares de acordo com suas demandas.

Hoje em dia, a indústria se dedica a melhorar as estruturas existentes. O avanço na produção e no tratamento permite produzir aço com várias características diferentes, o qual é útil especialmente para a deformação programada, mas também já há grande aplicação de outros materiais. O alumínio já é aplicado em motor e carroceria graças ao baixo peso ao passo que a fibra de carbono é uma favorita principalmente em carros esportivos e de alto luxo porque é leve e ainda mais resistente, mas seus custos ainda são restritivos.

Freios

Sob o ponto de vista teórico, frear é simplesmente exercer uma aceleração contrária àquela que pôs o carro em movimento. Na prática, esse processo é muito mais complexo porque o carro deve parar levando a menor distância possível, fazê-lo com suavidade para não travar as rodas e ainda evitar o superaquecimento dos freios em decorrência da fricção. O processo de frenagem em si é comentado no capítulo dedicado às medições de desempenho; aqui, o assunto é o sistema dedicado a parar o carro e as evoluções que sofreu.

Os freios atuam diretamente sobre as rodas através de exercer fricção. A maior vantagem desse método é a ação gradativa, a qual é fundamental em se tratando de uma massa grande – frear subitamente um automóvel de mais de uma tonelada seria muito arriscado por conta da inércia. Um dos primeiros sistemas desenvolvidos foi o tambor, que gira por dentro da roda e de forma solidária. Dentro há o cilindro de roda, que é acionado pelo motorista através do pedal.

O cilindro de roda empurra os componentes chamados sapatas de freio em direção radial rumo ao exterior, de modo que entram em contato com o tambor e exercem fricção forte, em proporção direta à força vinda do cilindro. Isso é o que efetivamente reduz a velocidade da roda continuamente. Essa ação ocorre até que o motorista solte o pedal e o sistema todo retorne ao estado inicial, ou seja, as sapatas voltam a se afastar da superfície do tambor e a fricção cessa.

Com o passar dos anos, a indústria já criou variações desse sistema: todas as sapatas trabalhando igualmente, uma mais do que a outra, intensidade variável... mas o conceito básico é o mesmo. Um ponto importante dos sistemas atuais é de regular a posição inicial das sapatas à medida que se desgastam: como elas vão perdendo material e ficando menores, é necessário deixá-las mais próximo ao tambor para continuar agindo adequadamente sobre o tambor.

Algum tempo depois, o freio a disco se tornou popular na indústria. Neste caso, a peça que gira em compasso com a roda é o disco e os elementos que exercem fricção são chamadas pastilhas. Aqui, as pastilhas são colocadas por fora do disco e o pressionam uma de cada lado. Novamente, exercem fricção gradual e forte o suficiente para reduzir a rotação da respectiva roda ou até mesmo pará-la se for necessário. Esses dois sistemas convivem no mercado até hoje porque têm características positivas e negativas bem diferentes.

O freio a disco ocupa menos espaço, portanto fica mais perto da roda. Isso é útil porque o sistema aproveita a ventilação naturalmente provocada pelo giro da roda, o qual é extremamente importante em um componente que trabalha a fricção. Porém, a mesma fricção gera uma desvantagem notável: o desgaste do disco gera muita fuligem e ela se deposita nas áreas próximas. O resultado mais visível aparece nas rodas por conta da cor clara: ficam escurecidas com o passar do tempo e criam a necessidade de limpeza constante.

Naturalmente, há outras desvantagens. O uso severo diminui o material disponível nas pastilhas e torna o sistema propenso a arranhar os discos; alguns desenhos de disco não respondem adequadamente às variações de temperatura e são mais suscetíveis à fissuração; alguns materiais tornam o disco mais propenso à corrosão; no caso de uso prolongado, o sistema pode sofrer irregularidades e afetar o desgaste das pastilhas. Quando elas não se desgastam por igual ao longo da geometria, a frenagem fica com vibração forte.

Na prática, a eficiência de um sistema de freio é medida através de como ele dissipa o calor. Sendo assim, os freios a disco ficaram mais populares porque seu desenho favorece essa dissipação. Outra vantagem importante é facilitar o escoamento de água em caso de rodagem sob chuva porque ela reduz a fricção. Tudo isso significa que o freio a disco é o mais apropriado para situações de demanda elevada, tais como nos carros fora-de-estrada e esportivos. Um resultado disso foi o interesse da indústria em melhorar o sistema.

Em qualquer carro, o disco precisa ser maior à medida que se aumentam peso e potência porque o uso do freio será mais severo. Para que o funcionamento seja melhor em qualquer caso, criou-se o disco ventilado: suas superfícies laterais, com as quais as pastilhas entram em contato, são unidas por uma peça não mais maciça, mas sim perfurada por pequenos vãos para facilitar a passagem de ar e aumentar a refrigeração. Os ganhos no desempenho tornaram esse equipamento presença obrigatória em muitos modelos de carro.

Outra melhoria surgiu ao trabalhar com o material dos discos. O mais usado é ferro fundido, mas há demanda crescente por cerâmicos. Sua vantagem mais importante é a resistência às temperaturas elevadas, mas ela vem acompanhada do comportamento frágil: sob esforço excessivo, o material pode partir com facilidade. Em casos extremos, metais são mais seguros porque deformam antes de quebrar; é um comportamento mais previsível e menos arriscado do que lidar com peças rompendo em partes com o carro em movimento.

Hoje, os freios cerâmicos são os favoritos dos carros de alta performance por conta da severidade de uso – alguns usam até mesmo compostos que incluem a fibra de carbono. Discos sólidos e ventilados aparecem na maioria dos carros urbanos por conta da relação custo/benefício atraente. O sistema a tambor ainda encontra aplicação principalmente em carros de baixo custo, mas mesmo assim somente nas rodas traseiras, que costumam ser menos solicitadas. A tendência é que o tambor caia em desuso nos próximos anos.

Um tipo diferente de sistema de freio é o de estacionamento. Ele se destaca por ter função praticamente oposta: em vez de reduzir a rotação já existente, ele impede que o carro parado entre em movimento sem comando do motorista – entre os motoristas esportivos, ele também serve para fazer manobras em alta velocidade. Ele aparece como uma alavanca entre os bancos dianteiros em muitos carros, mas já há muitos modelos que o oferecem como um pedal adicional à esquerda dos convencionais ou até um botão no painel.

É comum que o freio de estacionamento use o sistema a tambor porque seu uso é muito mais leve que o do freio convencional. Muitos carros simplesmente acionam o sistema regular de um dos eixos com intensidade menor do que a usual. Já outros, que contam apenas com sistema a disco para uso convencional, trazem um segundo sistema a tambor exclusivamente para esta função. Em todos os casos, o freio de estacionamento é diferente do convencional em quase tudo, então um tipo de sistema não pode substituir o outro.

Instrumentos

Os primeiros eram meros medidores que indicavam o estado de algumas variáveis do carro. Com o avanço da tecnologia e as várias mudanças do público consumidor, eles tiveram que evoluir. Hoje, os instrumentos estão completamente diferentes em design, funções e até posição no painel. É o caso dos carros modificados, que ganham medidores adicionais, carros de luxo, que os agrupam em uma tela de alta definição, e dos modelos mais recentes da Peugeot, que virou destaque por colocá-los acima do volante, não mais por trás.

Um dos instrumentos mais conhecidos é o velocímetro, que exibe a velocidade à qual o carro roda. Medidores costumam ter margem de erro acima e abaixo, mas este caso é diferente porque quase todos os fabricantes o desenham para ler acima do número real. Dessa forma, o motorista pode utilizar a escala sem medo de acabar desrespeitando o limite da rua por conta de uma aleatoriedade.

Por falar em escala, os fabricantes devem considerar que alguns países ainda usam o sistema imperial, no qual ela é medida em milhas por hora. A solução mais comum é criar um só instrumento com ambas escalas em desenhos concêntricos. Outra prática comum é a de levar a escala a números como 200, 250 ou até 300 mesmo que o carro em questão não tenha especificações técnicas para chegar a tanto: em muitos casos, é um truque para trabalhar sua imagem.

Outro instrumento comum é o conta-giros, que informa a rotação do motor sempre por minuto (rpm). Na prática, ele indica até onde é possível acelerar antes de que seja necessário passar à marcha superior; esse limite é mostrado como uma faixa vermelha e deve ser respeitado em prol da integridade do motor – rotação excessiva prejudica todo o seu funcionamento. Como o conta-giros exibe valores altos, é comum abreviá-los na escala dividindo por cem ou mil.

Motoristas mais atentos também o aproveitam para obter melhor desempenho: em motores a combustão, potência e torque alcançam seu valor máximo em um determinado número de rpm, então basta manter o carro nele para aproveitar isso. Alguns modelos trazem as *shift lights*, luzes de auxílio que acendem no melhor momento para subir ou descer de marcha. Elas podem ser configuradas para ajudar o motorista a obter desempenho ou consumo de combustível.

Passando ao medidor do nível de combustível, a escala é muito mais simples: cheio, metade, reserva e vazio. A reserva é um alerta de segurança feito quando se chega a um dado nível, mas este nível varia com o fabricante. Antigamente, a medição era visual, com uma região do tanque em material transparente com escala impressa. Os carros passaram a acender uma luz extra no painel nos anos 1970 e hoje há vários que usam um desenho de bateria semelhante ao dos smartphone, especialmente aqueles que têm propulsão elétrica.

O hodômetro exibe a distância já percorrida pelo carro; de acordo com a unidade, ela pode ser chamada de quilometragem ou milhagem. Os primeiros sistemas faziam medição direta usando um contador anexado ao eixo das rodas. Embora fossem simples e baratos, permitiam que pessoas mal-intencionadas usassem um instrumento rotativo no sentido contrário para falsificar a leitura e revender o carro no mercado de usados como se tivesse menos desgaste.

A aplicação da eletrônica não somente eliminou esse problema como também trouxe a função de leitura parcial: esta funciona paralelamente à medição total e pode ser reiniciada a qualquer momento. Na prática, o motorista pode usá-la para medir a distância em uma viagem, o consumo de combustível em um determinado período ou qualquer outra aplicação semelhante que surja no uso cotidiano.

Os instrumentos mencionados a seguir não são tão comuns nos carros atuais. O manômetro indica a pressão à qual o componente está trabalhando no momento e pode ser empregado em turbo, óleo lubrificante e fluido de freio. Já o termômetro mede a temperatura e pode ser utilizado no motor como um todo e no fluido do sistema de arrefecimento. Na prática, há valores adequados para todas essas pressões e temperaturas; os instrumentos de medição existem para alertar, justamente, quando a medição está fora desses valores.

Temperatura é um assunto delicado para o motor. Quando está muito alta, o motorista deve parar o carro até que ela volte ao normal para evitar o superaquecimento, pois ele pode trazer danos graves. No outro extremo, pode-se mencionar a "fase fria", que são alguns minutos logo após a partida. Nela, os componentes metálicos e os fluidos que o carro utiliza ainda não estão na condição ideal de trabalho. É preciso dirigir de forma leve, a velocidade baixa, até que se alcance a temperatura de serviço para evitar desgaste excessivo.

Com o passar do tempo, os fabricantes substituíram alguns medidores pelas "luzes-espia", símbolos padronizados que acendem somente quando o carro sai da condição regular: é o caso para temperaturas e pressões excessivas, bateria com pouca carga, cinto de segurança solto e alguma porta sem fechar. Também há luzes para situações não usuais como farol alto aceso e freio ABS em uso. Os fabricantes afirmam que uma luz extra acendendo atrai mais atenção do que um ponteiro movendo rumo à faixa vermelha da escala.

Até aqui, os paineis sofriam com o problema do excesso: primeiro havia medidores demais, depois luzes-espia demais. Ambos casos geram excesso de informação para o motorista, o qual é prejudicial porque dificulta a leitura e incomoda a visão à noite. A solução veio com a eletrônica nos anos 1980 a partir das telas configuráveis, pois permitiam exibir apenas a informação desejada no momento. As primeiras eram comumente chamadas *check-control* e traziam funções como relógio, hodômetro e alguns manômetros e termômetros.

À medida que as telas ficaram mais sofisticadas, passaram a ter mais funções e agrupá-las em menus. Foi possível reduzir o número de medidores e luzes-espia sem prejudicar a disponibilidade das informações vitais do carro. Os sistemas mais modernos vão além e incluem funções de climatização, GPS, som e telefonia celular com sistemas operacionais dignos de qualquer tablet moderno. Esta parte é tratada com o devido espaço no capítulo dos equipamentos.

Voltando ao quadro de instrumentos propriamente dito, a inovação mais recente a merecer destaque são as telas de alta definição, que costumavam ser restritas à central multimídia. Vários carros já trocaram medidores de ponteiro e luzes-espia por uma tela que ocupa todo o espaço disponível e é altamente customizável: velocidade e rotações estão sempre visíveis, mas agora dividem espaço com o que mais o motorista quiser, como informações de desempenho do carro ou o mapa com o caminho para chegar ao lugar desejado.

Luzes

O sistema de iluminação dos carros modernos tem diversas demandas para atender e, por conta disso, tornou-se muito complexo. Há vários tipos de luz e cada um possui seus próprios cor, alcance, intensidade, e regime de trabalho. Para facilitar o entendimento do tema, este livro o divide em quatro grandes grupos: luzes dianteiras, traseiras, internas e as que não se encaixam nessas categorias.

Na parte dianteira, farol é o nome coloquial que se dá ao conjunto de luzes que ficam nos extremos da região superior. A verdade, porém, é que os farois propriamente ditos são as luzes que iluminam o trajeto à frente. Eles trazem duas funções: a luz baixa se recomenda no uso geral para não ofuscar quem trafega na direção contrária; a luz alta deve ser usada apenas quando a via não tem qualquer iluminação ou no caso de alertar outros motoristas para obstáculos.

Os farois de milha e de neblina ficam na porção inferior da dianteira e foram criados para auxiliar, respectivamente, os farois altos e baixos. Porém, as tecnologias mais recentes permitiram atender as necessidades apenas com o conjunto principal. Um tipo de luz mais recente é o diurno, chamado de DRL no inglês: funciona sempre que o carro está ligado e serve para tornar sua posição mais visível, não para iluminar à frente. Como elas trabalham com intensidade baixa mas por períodos prolongados, quase todas empregam LEDs.

Como as lâmpadas iluminam em todas as direções, os farois que as utilizam devem ser revestidos por espelhos para conduzir o máximo possível do facho à frente. Modelos mais recentes, que utilizam LEDs de alta intensidade, têm seu facho direcionado naturalmente. Isso permite ao fabricante revestir a parte interna do farol com material colorido, especialmente na cor da carroceria, e desenhá-lo com maior liberdade porque ele tem requerimentos mais permissivos.

Ainda na dianteira, é possível melhorar o funcionamento de um farol simplesmente ao trabalhar com o seu acionamento. Por exemplo, ao fazê-lo girar levemente, ele consegue iluminar acompanhando o sentido de uma curva. Em carros de custo mais baixo, função parecida pode ser desempenhada através de acender a luz auxiliar somente do lado interno da curva que se realiza no momento.

Entre as luzes traseiras, "lanterna" é aquela que permanece acesa por todo o tempo em que a iluminação externa inteira está ativada. É o equivalente traseiro das DRLs, pois serve para tornar a posição do carro mais visível aos demais. A luz de freio, por sua vez, é acionada apenas quando o carro está parando e costuma ter intensidade ou, pelo menos, área maior para chamar mais atenção. Modelos de baixo custo costumam empregar a mesma lâmpada com intensidades diferentes para desempenhar as duas funções.

Os carros atuais também trazem o "brake-light", nome inglês que representa simplesmente uma terceira luz de freio em posição central e mais alta; acende somente nas frenagens para chamar ainda mais atenção. A luz de neblina, por sua vez, fica na parte inferior da traseira e ajuda a indicar a posição do carro. Já a de ré sempre tem cor branca e fica acesa durante todo o tempo em que o carro andar em marcha à ré. O costume entre os fabricantes é de usar cada uma de um lado do carro para preservar a simetria do design externo.

Ainda na parte externa, as luzes de direção estão presentes em dianteira, traseira e, em muitos países, laterais por obrigação legal. Elas sempre têm a cor âmbar, funcionam de forma intermitente (piscando) apenas de um lado e indicam a intenção de conduzir o carro à direção correspondente – devem existir em várias posições para maximizar sua visibilidade. Elas acendem dos dois lados juntos somente na situação de advertência, a qual se faz com um botão no painel. Este sinal indica que os demais devem desviar do carro.

A luz de direção lateral costumava ficar entre a roda dianteira e a porta. Essa posição era desfavorável porque a baixa altura a ocultava facilmente e porque demandava fiação própria e um corte a mais na chapa, o qual trazia um custo indesejado nos países onde não é obrigatória. A indústria solucionou tudo isso simplesmente ao passar essa luz ao retrovisor: fica mais alta e visível, utiliza a fiação do ajuste do retrovisor e afeta a geometria de uma peça mais simples.

Os Estados Unidos têm uma exigência exclusiva desde os anos 1960: luzes de sinalização laterais. Elas permanecem acesas sempre que o carro esteja ligado e se encontram nas extremidades das laterais. Têm função similar à das DRLs mencionadas alguns parágrafos atrás mas com posição lateral, como indica o nome, e a obrigatoriedade da cor âmbar na dianteira e vermelha na traseira.

Casos como esse eram mais comuns alguns anos atrás, em que as diferenças entre um país e outro eram maiores. Com o passar do tempo, a globalização integrou as atividades industriais ao redor do mundo e isso forçou as legislações a convergir ao menos em parte. Hoje, alguns países vêm flexibilizando suas regras para acomodar as dos outros e, assim, facilitar a oferta de carros estrangeiros.

Com as luzes internas, as tarefas são menos exigentes. As mais importantes ficam no quadro de instrumentos porque é necessário informar o motorista sobre as condições do carro a todo momento e alertá-lo para o surgimento de eventuais problemas. Estas luzes são as mencionadas no texto anterior deste capítulo, "Instrumentos".

Quanto às outras luzes internas, as demais têm a mera função de indicar a localização dos botões à noite. É o caso dos comandos de climatização, do sistema de áudio e das outras funções que possa haver. A eficácia no desenho dessas luzes é obtida quando os respectivos comandos podem ser acessados com um mínimo de atenção por parte dos usuários, especialmente o motorista. As luzes internas devem ser diferentes umas das outras para não confundir, mas não chamativas a ponto de se tornar um incômodo visual.

No caso da iluminação interna propriamente dita, carros de luxo modernos trazem um sistema complexo em que se pode selecionar cor e intensidade manualmente ou deixar que o carro o faça conforme a necessidade. No caso das vans de grande porte, pode-se usar um esquema de iluminação fraca em viagens longas para relaxar os passageiros. Além disso, em carros esportivos há um forte costume de usar a cor vermelha em muitos detalhes da iluminação para ressaltar o caráter principalmente emocional desse tipo de carro.

Os carros modernos são a prova de que a indústria vem fazendo de tudo para aproveitar esse conjunto de liberdades e restrições o melhor possível. Isso se tornou um tanto mais fácil uma vez que se começou a desenvolver carros para todo o mundo. A questão das luzes se tornou um espetáculo diferente trazido por cada carro.

Pneus

Para compreender as funções do pneu em um carro, é preciso lembrar que ele trabalha em conjunto com a roda. Ambos têm importância enorme para o automóvel porque devem suportar literalmente toda a sua massa e, ao mesmo tempo, lidar com o esforço mecânico proveniente do seu próprio movimento e do relevo do terreno. Naturalmente, essa análise pode ser subdividida em muitas variáveis.

O fato de a roda ser rígida prejudica o conforto ao dirigir, principalmente, porque não oferece qualquer absorção de irregularidades – se o carro rodasse diretamente nelas, os ocupantes sentiriam até mesmo os menores obstáculos nas ruas. Além disso, uma interação tão severa com o piso promoveria desgaste tal que seria necessário consertar ou até trocar as rodas em intervalos curtos porque perderiam o formato com facilidade; o custo disso seria exorbitante.

O pneumático, informalmente chamado pneu, foi criado para revestir a roda com borracha. Essa característica é muito importante porque trata-se de um material elástico; ele consegue copiar o relevo e, assim, absorve pequenas irregularidades. Na prática, as forças e a vibração efetivamente repassadas aos ocupantes se tornam menores. Além disso, a resistência própria da borracha evita que a roda se desgaste no uso cotidiano, o qual seria muito mais custoso.

A parte mais importante do pneu é a que faz contato com o piso, chamada banda de rodagem. Seu desenho deve facilitar a aderência do pneu ao piso mas, é claro, sem prejudicar a direção do carro. Deve filtrar as pequenas imperfeições do piso, resistir o melhor possível às maiores, e permitir a saída de água o mais rápido possível. Nos últimos anos, o mercado também tem buscado menor resistência ao rolamento porque contribui para economizar combustível.

Esses objetivos são alcançados sobretudo com o bom desenho da banda de rodagem, mas é interessante notar que não é possível alcançar todos juntos: o desenho mais apropriado para um costuma ser ineficiente para os demais. Sendo assim, os fabricantes dividem a oferta de pneus de acordo com o uso que se deseja fazer: há modelos para uso urbano, terrenos irregulares, alta performance...

Considerando que o trabalho dos pneus é feito tocando o solo, a maneira como isso acontece também merece atenção. Devido à sua natureza elástica, o peso do carro deforma o pneu no piso formando uma zona de contato retangular; quanto maior for essa zona, mais aderência haverá e menos confortável será a direção. O motorista pode regular isso de certa forma através da pressão interna do pneu, mas é sempre melhor seguir a recomendação do fabricante.

Visto de lado, o pneu forma um aro em volta da roda. Ele se chama parede lateral e sua espessura varia de acordo com o modelo do carro; em geral, rodas maiores usam pneus com parede mais baixa para ampliar o seu apelo estético. No entanto, não se deve aumentar o diâmetro da roda indiscriminadamente porque isso deixa a rodagem desconfortável; é como se o efeito do pneu se perdesse.

Os outros componentes de maior importância são dois. Carcaça é a estrutura interna do pneu, geralmente feita em lonas de aço ou fibras artificiais. É o elemento que efetivamente resiste ao esforço mecânico do uso cotidiano e contém o ar sob pressão. O outro é chamado pelo mercado de "ombros": são as laterais da banda de rodagem. Quando o veículo faz curvas, seja em alta ou baixa velocidade, ele passa a se apoiar em especial nessas partes dos pneus.

Os trabalhos da indústria vêm tornando os pneus cada vez mais resistentes, mas isso não é suficiente para estimar sua durabilidade; por melhores que sejam, seu desgaste pode ser acelerado ou retardado de acordo com o cuidado de parte do usuário. Isso inclui aspectos diretos, como evitar buracos sempre que possível, e indiretos como manter a pressão adequada e fazer serviços como alinhamento e balanceamento no período recomendado pelo fabricante.

Uma característica importante é que o esforço exercido em cada pneu nunca é igual, portanto o desgaste de cada um tampouco será. Assim, outra operação de grande importância para a manutenção é o rodízio, que consiste em intercambiar os pneus periodicamente para que o seu desgaste seja mais igualitário ao longo do tempo.

Por falar em desgaste, há vários indicadores. A imprensa e o manual do proprietário recomenda, prestar atenção ao comportamento ao rodar porque mudanças grandes, como vibração e/ou ruído excessivos, geralmente indicam problemas. Pneus mais modernos também trazem o TWI, uma pequena elevação localizada entre os sulcos da banda de rodagem: quando o pneu se desgasta ao ponto de os sulcos chegarem ao nível do TWI, recomenda-se a troca.

Um dos maiores problemas trazidos pelo desgaste dos pneus é a aquaplanagem. Um pneu é desenhado para escoar água da chuva o mais rápido possível. Quando a condição climática é severa demais e/ou a banda está desgastada, a capacidade de drenagem se torna insuficiente e o pneu permite que uma película de água se forme entre ele e o piso. Ela reduz a tração de maneira que o carro passa a deslizar, ou aquaplanar, e o deixa quase impossível de controlar.

Quando se tem um problema com o pneu, as soluções disponíveis vão desde pequenos reparos até a troca do pneu: tudo depende do dano. Os piores casos possíveis são aqueles que afetam a estrutura interna porque reparos paliativos não conseguiriam trazer resultados seguros. Já no caso de o dano prejudicar somente a banda de rodagem, na maioria dos casos é possível consertá-lo de forma que o carro pode rodar normalmente por mais algum tempo. No entanto, é fundamental que isso se faça em uma oficina qualificada.

No momento de trocar os pneus, é preciso ter atenção com o tipo a escolher. Como se menciona alguns parágrafos atrás, o mercado atual disponibiliza opções para uso urbano, fora-de-estrada e misto e a diferença mais notável entre uma e outra fica na banda de rodagem: uma má escolha deixará o desempenho do carro muito abaixo do esperado. Além disso, os pneus têm limites de carga e de velocidade específicos, os quais devem ser respeitados. Eles são identificados com códigos e recomendados no manual do proprietárlo.

Um tópico que vem provocando polêmica é o uso do estepe. Os defensores dizem que incluí-lo no rodízio torna as trocas menos frequentes e que ele é de grande ajuda quando não há conserto para o pneu a substituir. Contudo, outros criticam o "peso morto" a carregar. Vários fabricantes têm recorrido a outras soluções, como um kit para reparos temporários, o chamado estepe temporário (mais fino que um pneu regular) e, no caso de veículos de luxo, os pneus "run-flat": sua estrutura permite rodar mesmo se o pneu estiver furado.

Suspensão

Conforme mostram os textos anteriores, a suspensão de um carro trabalha com esforço mecânico de duas origens. Uma é o chassi (ou monobloco), que suporta a massa de quase todo o carro e os esforços vindos do funcionamento do motor. A outra são as rodas, que transmitem as irregularidades do piso pelo qual passam. Em condições normais, a suspensão deve deixar a estrutura livre de impactos e, ao mesmo tempo, manter as rodas em contato com o piso.

Por mais que a estrutura do carro seja resistente, é preciso poupá-la porque os impactos oriundos da rodagem são contínuos; ela acabaria acumulando desgaste e até quebrando muito rapidamente. Em paralelo, trafegar com uma roda no ar prejudica muito o comportamento do carro mesmo em distâncias curtas, portanto essa situação deve ser evitada a todo custo. Uma suspensão bem desenhada enfrenta as adversidades do caminho a seguir para que não sejam levadas à cabine e, em consequência, aos ocupantes do carro.

De maneira geral, a suspensão funciona a partir de dois grandes elementos. Um são barras rígidas que vinculam cada roda à estrutura mantendo certa liberdade de movimento. Isso significa que a roda copia o relevo do piso mas efetuando movimentos limitados e, com isso, previsíveis. Porém, se o carro usasse apenas isso, os esforços decorrentes da rodagem seriam levados à cabine com intensidade excessiva, o qual geraria desconforto contínuo aos ocupantes e aumentaria o desgaste da estrutura do carro ao longo dos anos.

O outro elemento é precisamente o que resolve esse problema. O amortecedor trabalha como um filtro mecânico, atenuando todas as solicitações mecânicas que recebe. Os movimentos transmitidos mantêm a forma previsível que foi mencionada mas ficam muito mais suaves. É possível absorver melhor as imperfeições do piso e, ao mesmo tempo, minimizar o impacto sofrido pela estrutura. O trabalho conjunto dessas partes é o que forma a suspensão moderna de um carro, mas ambas vem sofrendo evoluções de vários tipos.

Um amortecedor de carro contém várias peças. A mola limita a extensão do movimento da roda mas provoca oscilações fortes. Já o sistema que conduz um fluido sob pressão por tubos usando um pistão atenua as oscilações mas não seria capaz de limitar seu movimento. A solução da indústria foi usar os dois em conjunto e, como era de se esperar, procurar torná-los mais eficientes. Hoje, há variação na geometria das barras de cada roda, articulações, pontos de apoio... há um modelo de suspensão ideal para cada carro.

Uma divisão importante é entre as suspensões independente e rígida. A primeira usa uma estrutura para cada roda, de modo que o movimento de uma não influencia as demais. A segunda, por sua vez, associa as rodas do mesmo eixo com uma barra. Não é possível estabelecer que uma é pior e outra é melhor porque, novamente, há que considerar o tipo do carro. Um componente muito útil é a barra estabilizadora, que força as rodas do mesmo eixo a permanecer no solo: o carro se torna mais seguro durante curvas e frenagens.

A suspensão também precisa manter a carroceria com elevação constante em relação ao solo. Como há liberdade para escolhê-la, os fabricantes adotam uma diferente para cada carro. Aumentá-la privilegia a durabilidade porque ele fica mais protegido de impactos e arranhões com objetos vindos de baixo ou ao transpor obstáculos. Reduzi-la, por sua vez, torna a carroceria mais aerodinâmica como um todo e isso melhora tanto o desempenho como o consumo de combustível. Cada ajuste se adequa a um tipo de automóvel.

Com o passar do tempo, o amortecedor teve melhorias notáveis. O modelo padrão tem óleo e ar na câmara de fluido; um êmbolo se movimenta dentro dela e força o óleo de um lado a outro conforme o deslocamento da roda. No uso cotidiano prolongado, os dois fluidos reagem quimicamente e forma-se bolhas no óleo, de modo que seu funcionamento se torna irregular e prejudica diretamente o conforto dos ocupantes. Esse problema foi resolvido ao trocar o ar por nitrogênio, o qual é mais caro mas reage muito menos com o óleo.

O amortecedor eletrônico teve recepção muito positiva no mercado principalmente porque permite variar sua carga de trabalho. A parte mecânica é essencialmente a mesma do modelo convencional mas a passagem de fluido de um lado a outro da câmara passou a ser controlada por uma válvula de acionamento eletrônico. Esse componente novo permite obstruir o fluxo em intensidades variadas e, com isso, tornar o comportamento geral ao rodar mais macio ou mais firme de acordo com o que o motorista desejar no momento.

Mais tarde, os mesmos amortecedores eletrônicos receberam o que se chama de "fluido magnetoreológico": o diferencial é que sua viscosidade depende do campo magnético ao qual é exposto. O sistema permite variar a corrente elétrica que provoca o campo ao qual o fluido é exposto para fazê-lo fluir pelas regiões da sua câmara com mais ou menos facilidade. Isso representa a possibilidade de variar a carga do amortecedor e, com esta, o comportamento ao rodar. Assim, o carro pode se adaptar a condições diferentes mais rápido.

Como se pode imaginar, a eletrônica dos carros modernos aproveita este recurso extensivamente. Uma vez que o sistema ganhou popularidade, seu custo deixou de ser proibitivo para uma grande porção do mercado e tornou-se possível incluir o ajuste da suspensão no já mencionado seletor de modos de comportamento dinâmico. O mesmo carro pode se tornar um pouco mais esportivo, mais confortável ou mais preparado para transpor caminhos irregulares simplesmente ao tornar os amortecedores duros ou permissivos.

Os fabricantes têm feito grandes avanços também quanto à suspensão a ar. Basicamente, ela vincula a altura do carro ao comportamento de bolsas de ar: o movimento das rodas é amortecido enchendo ou esvaziando estas bolsas. Esse sistema já existe desde o começo do século passado mas vem ganhando espaço na atualidade por ser simples e permitir nivelar o carro continuamente ao carregá-lo ou esvaziá-lo ou ao transpor obstáculos. Também permite ao próprio usuário mudar a altura em um intervalo predeterminado.

Mais recentemente, a indústria empregou todos os componentes anteriores em certo grau para desenvolver um novo capítulo na história deste componente: a suspensão ativa. Com ela, o carro utiliza seus diversos sensores e até o GPS para monitorar as condições de rodagem e antecipar o próximo trecho do caminho. Tudo isso lhe dá informações para definir automaticamente os melhores parâmetros de funcionamento para diversos componentes. Assim, a suspensão consegue se adaptar ao terreno praticamente em tempo real.

Tração

As superfícies externas de qualquer objeto apresentam certo nível de rugosidade. Ele será menor quando o processo de produção
é mais apurado, mas nunca nulo. Isso significa que toda superfície
é, na verdade, todo um relevo – mesmo que alguns sejam microscó-
picos. Sob o ponto de vista físico, isso implica que a tarefa de mover
um objeto que esteja em contato com outro sofre resistência oriunda
do atrito: se a força exercida for baixa demais, não consegue vencer
tal resistência e o movimento desejado simplesmente não ocorre.

Carros usam rodas porque a resistência por atrito é muito menor
no rolamento do que no deslizamento; é possível iniciar movimento
com menos esforço. Seu motor gera a força necessária e o sistema
de tração o executa, portanto os dois componentes têm importância
aqui; o motor pode ser dianteiro, central ou traseiro e a tração pode
ser dianteira, traseira ou integral. A indústria já produziu carros com
diversas combinações dessas duas variáveis e, mais uma vez, chegou à conclusão de que não há uma só melhor do que as demais.

Ter tração dianteira significa que as rodas acionadas pelo conjunto motriz são as dianteiras. Esta construção é muito utilizada com
o motor também dianteiro porque a ligação entre rodas e motor re-

sulta curta. Além disso, o fato de tracionar as rodas direcionáveis melhora a performance quando o carro trafega com lama ou neve e o sistema se torna mais simples, o qual barateia a sua produção.

Quando o carro acelera, os esforços dinâmicos que surgem tendem a transferir carga rumo ao eixo traseiro. Isso se torna uma desvantagem aqui porque o sistema perde capacidade de tração. Além disso, como há muitos componentes mecânicos aplicados na parte dianteira, há limitações quanto às dimensões do motor e ao formato externo dessa parte do carro para poder usar tração dianteira.

Passando à tração traseira, associá-la ao motor traseiro traz resultados interessantes. O eixo mais carregado é o traseiro e ele fica ainda mais quando o carro acelera. Em paralelo, como a frenagem provoca o efeito inverso (sobrecarrega o eixo dianteiro), a distribuição de carga fica mais igualitária. Tudo isso implica maior capacidade de tração a altas velocidades e maior equilíbrio ao frear. Ainda há o mesmo benefício de ter uma cadeia de componentes pequena.

Por outro lado, esta configuração concentra peso nas rodas que não são direcionáveis. O carro se torna mais propenso ao giro graças a um efeito de pêndulo, de modo que pode sair do controle com mais facilidade que o caso anterior. Antes do surgimento das várias assistências eletrônicas que vemos hoje, essa configuração requeria grande habilidade de parte do motorista para evitar acidentes.

A tração traseira também pode ser associada às duas outras posições comuns de motor. Com a dianteira, os eixos ganham equilíbrio de peso, pois os componentes da cadeia mecânica são repartidos, e outro de comportamento dinâmico, pois tem-se um eixo direcional e outro tracionado. A posição central permite ir além nessa otimização entre os eixos porque deixa o motor atrás dos bancos dianteiros.

Naturalmente, as desvantagens também aparecem aqui. Tração traseira com motor dianteiro implicam uma cadeia de componentes longa: o eixo cardã passa pelo meio da região inferior do carro para transmitir o movimento e, com isso, impõe restrições ao uso do espaço interno. Embora isso seja mitigado no caso da posição central, ela ocupa o espaço que normalmente seria ocupado com as fileiras de bancos traseiros. Isso limita muito seu campo de aplicação.

O terceiro tipo de tração se chama integral e, na prática, pode ter várias configurações: em modelos urbanos, o eixo dianteiro é diretamente tracionado pelo motor e transmite o movimento ao outro (em modelos fora-de-estrada, costuma-se inverter os papeis); já nos esportivos, é comum utilizar um sistema central. Qualquer um desses sistemas aumenta a capacidade de tração, de modo que o carro fica mais preparado para trafegar com segurança por terrenos irregulares e em condições adversas (como lama ou neve) ou simplesmente transitar em altas velocidades no contexto da direção esportiva.

Aqui, o maior problema é prático: a sincronia entre os eixos não é perfeita, portanto sempre haverá diferença entre suas velocidades de rotação. Carros com tração central resolvem isso com o diferencial central, um componente que balanceia essa diferença às custas de tornar o sistema todo mais complexo. A alternativa de baixo custo é transmitir o movimento ao segundo eixo somente quando for absolutamente necessária; é a tração integral de uso sob demanda.

Levando tudo isso em consideração, a indústria concluiu que tração e motor dianteiros são adequados para os carros urbanos. Uma cadeia de componentes mais curta se torna mais simples e barata e o prejuízo ao desempenho não chega a ser importante no seu campo de aplicação. Além disso, concentrar o trem-de-força na dianteira dá grande liberdade ao desenho do restante da carroceria: isso ajuda muito a projetar vários modelos derivados do mesmo projeto.

Motor dianteiro e tração traseira são a solução ideal para carros que devem investir mais no comportamento dinâmico mas sem deixar de lado a habitabilidade. É o caso dos grandes modelos de Audi, BMW e Mercedes-Benz, entre vários outros, e uma das maiores razões pelas quais eles são tão elogiados. Ao longo das décadas, os fabricantes já encontraram várias soluções para lidar com as limitações de desenho interno sem afetar o conforto dos ocupantes.

A configuração com "tudo atrás" foi muito popular em carros com motor refrigerado a ar porque favorece, precisamente, a entrada de ar frio – isso dispensa a adição de um radiador na frente. Contudo, a proliferação dos motores refrigerados a água anulou esse benefício e reforçou o problema já mencionado do comportamento dinâmico, de modo que caiu em desuso. Carros de alta performance têm sido fabricados com o motor central porque sua proposta de uso procura priorizar o desempenho em detrimento do número de ocupantes.

No caso da tração integral, a maioria dos carros utiliza o sistema sob demanda porque é mais barato de produzir e atende bem a necessidade do seu uso típico. O sistema central é reservado a carros esportivos e fora-de-estrada de caráter extremo, em que a prioridade absoluta é o desempenho nos campos respectivos de aplicação.

Por se tratar de uma questão de posicionamento, não há muito onde a eletrônica possa intervir. Seu papel mais notório aparece em suprir a ausência da tração integral central (ou permanente) em cada vez mais casos através de novidades como variar a força enviada a cada eixo continuamente de acordo com a demanda. Na prática, os ocupantes quase não sentem quando o sistema entra em ação.

Multi-Sense
Sport
Comfort
Eco
Neutral
Perso
START
STOP
MAX
AUTO
ECO

Eletrônicos

Quando se fala na evolução da eletrônica nos automóveis, o pensamento geralmente se dirige à quantidade de equipamentos disponíveis. Há cada vez mais sistemas diferentes, mais funções sendo desempenhadas por computador, mais informação circulando... No entanto, é mais interessante analisar este avanço de outra maneira: vendo o impacto que a eletrônica provocou desde meados dos anos 1990, quando começou a ficar popular no setor automobilístico.

Naquela época, o custo elevado era somente uma das limitações à aplicação em massa. Os sistemas disponíveis eram rudimentares e pouco intuitivos e os consumidores ainda não estavam acostumados a usá-los. Os primeiros a ganhar espaço no mercado eram focados em melhorar o trabalho da parte mecânica: ignição e injeção ganharam acionamento eletrônico em prol da eficiência; o ABS interveio nos freios para impedir seu travamento; e a ativação eletrônica tornou o uso da tração integral mais cômodo para os usuários.

Na cabine, o texto da parte eletrônica menciona o check-control e seus sucessores: componentes dedicados a exibir mais informações vitais do carro e a fazê-lo de formas mais eficientes para o uso com o carro em movimento. Os sistemas de áudio, por sua vez, trocaram a fita cassete pelo CD e ganharam recursos como equalizador digital. Com o passar do tempo, as pessoas constataram que a eletrônica podia tornar as tarefas de antes mais fáceis através de simplificar algumas operações e tornar outras mais eficazes.

Como era de se esperar, esta aceitação motivou um aumento na demanda e ela incentivou os fabricantes a investir mais. Nos anos 2000, a fase de introdução aos componentes eletrônicos deu lugar à fase de evolução: havia mais liberdade quanto ao que oferecer mas também maior exigência de parte dos consumidores. O trem-de-força ganhou injeção eletrônica ainda mais eficiente e vários sensores de parâmetros de funcionamento do carro, os quais se tornaram a base das novidades postas no mercado nos anos seguintes.

Hoje, o carro pode detectar perda iminente de tração quando sua entrega de potência e torque não está nos padrões apropriados para o piso no qual trafega. Os controles de estabilidade e tração podem corrigir o problema ao aplicar o freio apenas na roda que o necessita e/ou limitar o trabalho do motor; o câmbio automático pode reconhecer o estilo do condutor para adaptar as trocas; e os freios ganharam recursos como a atuação de emergência, que detecta uma situação de pânico e freia o carro em uma distância menor do que a usual.

Nesta nova fase, pode-se dizer que a eletrônica passou a regular a mecânica. Os carros ficaram mais eficientes, seguros e rápidos ao mesmo tempo e isso aconteceu em grande parte através do simples monitoramento do que sempre fizeram. Mais tarde, esta obtenção de informações mais detalhadas se tornaria particularmente importante para o desenvolvimento dos carros híbridos e elétricos, afinal permitiu compreender melhor o consumo de energia para otimizá-lo.

No lado de dentro, os desenvolvimentos mais recentes da eletrônica se concentraram no computador de bordo. Ele passou a incluir funções como GPS, telefonia celular e áudio e investiu na facilidade de operação através da qualidade da tela: ela ganhou em resolução e tamanho e adotou a sensibilidade ao toque. Em alguns modelos, o sistema oferece até mesmo a possibilidade de ativar comandos com gestos feitos com uma mão. Tudo para que o motorista possa acessar alguns comandos básicos com a menor distração possível.

Sob o ponto de vista técnico, o automóvel atual se tornou o símbolo da sociedade que o consome. Ele não tem ficado somente mais eficaz e eficiente, mas também conectado. O computador de bordo, por exemplo, passou a ser chamado "central multimídia" nos últimos anos porque concentra algumas funções oriundas do próprio carro e outras vindas do usuário. É o caso do espelhamento da tela dos celulares e da conexão à Internet, às vezes com transmissão Wi-Fi.

Depois de tornar o funcionamento do carro mais simples e eficaz e de compreendê-lo melhor para exibir mais informações, os desenvolvimentos mais recentes da eletrônica na indústria automobilística estão trabalhando com a autonomia. Começaram com equipamentos dedicados a tornar a condução tradicional mais segura e agora procuram deixar toda a operação por conta do próprio automóvel.

Os sistemas de segurança mais recentes utilizam um sistema de câmeras em volta da carroceria capazes de detectar pessoas, animais e objetos parados e em movimento para alertar o motorista na hora de estacionar. Quando o carro está em movimento, outros sistemas detectam uma mudança de faixa possivelmente desatenta ou uma distância excessivamente curta do carro à frente. No caso de o motorista não tomar a ação apropriada, o próprio carro intervém.

Passando aos sistemas de direção autônoma, os fabricantes estão trabalhando de acordo com níveis. Nos mais baixos, o carro somente acompanha as operações feitas pelo motorista, como variar a intensidade da frenagem ou da assistência da direção. À medida que o nível sobe, o carro assume algumas tarefas, como manter distância segura do carro à frente na estrada, mas requer atenção do motorista a todo momento para monitorar as condições do entorno e, especialmente, assumir a direção em situações de emergência.

Os níveis mais altos têm como maior diferença o uso de diversos sensores em grupo para que o próprio carro monitore seu entorno. Alguns modelos conseguem operar sem qualquer intervenção a velocidades baixas, como no uso urbano com tráfego leve, mas ainda exigem atenção do motorista para possíveis emergências. Esse nível de autonomia é o mais alto que os fabricantes já colocaram em prática em seus carros com produção em massa até o momento.

A autonomia completa é alcançada quando o carro não precisa sequer de volante ou pedais; o motorista simplesmente insere o endereço desejado e o carro cuida de absolutamente tudo a partir daí. Neste caso, ele consegue monitorar um grande número de características do entorno mesmo em situações atípicas, como um engarrafamento, e consegue tomar decisões importantes como o momento de ingressar em uma estrada. Já há estudos de carros com tal configuração, mas ainda estão longe de chegar às ruas em massa.

A interação com a eletrônica tem gerado um efeito sinérgico nos carros. A indústria está elevando o nível dos produtos continuamente e a resposta obtida do público só traz motivação para que se esforce mais. Os trabalhos mais recentes têm se concentrado em melhorar o gerenciamento das informações dos sensores para que os carros autônomos operem de forma cada vez mais segura e confiável.

A intrincada origem do *Movimento*

Desde a fonte de energia até as rodas, o caminho simplesmente não pára de crescer.

Gestos como caminhar ou sorrir parecem simples porque os executamos sem esforço, mas a verdade é que são o resultado do trabalho conjunto de diversas partes do corpo. As funções típicas de um automóvel são executadas seguindo conceito parecido mas mais complexo: afinal, ele também deve responder à interação do motorista.

Um problema típico de sistemas com tamanha complexidade é que, quanto maior for a quantidade de componentes envolvidos, mais fontes de problemas aparecem. Mais partes sofrem desgaste, o cuidado se torna mais difícil e custoso, há mais chances de uma falha prejudicar tudo... a diferença é que as peças do carro podem ser trocadas.

Em comparação com os antecessores, os carro moderno só preserva o conceito básico. A experiência que a indústria acumulou vem provocando mudanças que o tornam mais eficiente mas, no entanto, mais complexo na mesma medida. Este capítulo faz uma análise básica dessa trajetória do carro em especial quanto à parte mecânica.

Este capítulo mostra os tipos mais comuns de motor e transmissão já desenvolvidos e alguns dos outros componentes mais proeminentes envolvidos no trem-de-força e um pouco de sua história e de como ficaram cada vez mais complexos e sofisticados em prol do desempenho e da eficiência.

Motor

Mais do que movimentar o carro, este componente é a sua principal fonte de energia: ele também atende os sistemas de áudio, climatização, entretenimento e iluminação. Como se essa demanda fosse pequena, o motor também deve cumprir com regras cada vez mais rígidas quanto ao uso de energia. O dever da indústria é entender as demandas presentes e futuras e satisfazê-las com soluções que sejam realmente atraentes para o público-alvo do seu carro.

A primeira divisão a se fazer neste capítulo não poderia ser outra senão o de combustão interna. Ele dominou o mercado rapidamente em mcados do século XX e só sofreu ameaça real agora, cerca de cem anos mais tarde, graças às novas necessidades ambientais. A análise feita neste livro é puramente qualitativa, mas recomenda-se que o leitor a complemente especialmente com vídeos e/ou animações, pois permitem visualizar os fenômenos de forma dinâmica.

Este tipo de motor obtém energia ao queimar um fluido em condições controladas. Isso acontece dentro do cilindro, recipiente vedado que possui aberturas para pistão, vela e válvulas. O pistão é um êmbolo que sobe e desce dentro do cilindro e, com isso, varia o volume livre acima de si; as válvulas podem admitir fluido dentro do cilndro e expelir o resíduo da queima, portanto cada cilindro tem ao menos uma para cada função; a vela gera a faísca elétrica necessária para iniciar a queima do fluido em alguns tipos desse motor.

O ciclo mais comum, chamado Otto, começa com a admissão: o sistema de injeção produz a mistura de ar com gotas de combustível e a envia à câmara de combustão, que é o volume dentro do cilindro acima do pistão. Este último se encontra descendo neste momento para aumentar o volume da câmara e reduzir a pressão dentro dela, o qual facilita a entrada da mistura. Em seguida, o pistão volta a subir e dá início ao chamado segundo tempo do ciclo: a compressão.

A entrada de ar/combustível cessa porque a válvula de admissão fecha e o pistão sobe até o ponto mais alto. Isso eleva temperatura e pressão da mistura até alcançar a condição ideal para a queima: os motores Otto recebem a faísca da vela neste momento para iniciar o processo. Uma diferença importante dos motores Diesel é que seu combustível inflama sozinho simplesmente pela mudança de condição, mas precisa de uma compressão geralmente mais intensa.

A queima provoca uma explosão e a subsequente expansão violenta do fluido. Como sua massa é pequena e a câmara de combustão é resistente, a única forma de essa expansão acontecer é pressionando o pistão para baixo. O ciclo chega ao tempo de expansão, o único onde o movimento do pistão é motivado pelo combustível e não por si próprio. A partir daí, o pistão volta a subir e a aumentar a pressão na câmara. Porém, a válvula de escape já está aberta para que o gás residual saia e o ciclo encerre com o tempo de escape.

O processo descrito corresponde aos quatro tempos que caracterizam os motores de combustão interna mais populares. Embora cada um tenha função muito específica, nenhum é realizado da forma teórica. Os fabricantes experimentam antecipar e retardar algumas operações para buscar toda e qualquer melhoria que se possa obter no rendimento energético e/ou no consumo de combustível.

Cada pistão tem uma biela na parte inferior para conectar-se ao virabrequim. Assim, o movimento vertical do primeiro é transformado em um giro do último para ser levado às rodas mediante mais um grupo de componentes. Os cilindros são defasados por desenho, ou seja, executam partes diferentes do ciclo a cada momento. A geração de movimento se torna mais constante e ainda se pode atenuar a vibração geral através de balancear suas fontes. Isso é muito importante porque influencia diretamente o conforto dos ocupantes.

Para que tudo funcione corretamente, é preciso controlar o acionamento de todos os sistemas adjacentes. Cada válvula deve abrir e fechar no instante ideal para produzir as diferenças de pressão necessárias; o sistema de injeção deve identificar a demanda a cada momento para enviar a mistura mais apropriada e, assim, equilibrar desempenho e economia de combustível; e as câmaras de combustão devem ser resistentes e vedadas o suficiente para resistir às explosões e minimizar o desperdício da mistura ar/combustível.

Uma variável muito importante no desenho dos motores de combustão interna é o cilindro. Aumentar a quantidade significa dar-lhe mais capacidade de geração de energia mas também permite que o consumo de combustível seja maior. Era a única maneira de projetar motores maiores décadas atrás, quando a tecnologia disponível não era tão sofisticada. Como mais cilindros aumentam o tamanho físico do motor, os fabricantes começaram a mexer na sua disposição.

A disposição tradicional é de cilindros em linha. Quando se torna inviável, o esquema em V se torna interessante porque possui duas bancadas em linha inclinadas, formando o "V" quando vistas de frente e tendo o eixo do virabrequim como base. Esta configuração ficou famosa entre carros esportivos, especialmente com seis e oito cilindros, mas também é comum em luxuosos de grande porte com dez ou até doze. Números pares de cilindros são mais comuns porque facilitam a tarefa de balancear a vibração resultante do motor.

O ângulo entre as duas bancadas costuma ficar entre 60° e 90°, mas já houve algumas exceções dignas de destaque. O motor VR6 foi lançado pela Volkswagen em 1991 e se diferencia pelo ângulo de apenas 15°, que o coloca a meio-caminho entre as configurações típicas de linha e V. Já o motor boxer pode se ver como um caso de ângulo 180°: as bancadas ficam opostas. O motor se torna mais baixo que os outros, o qual lhe torna interessante principalmente em carro esportivos porque colabora para torná-los mais estáveis.

Naturalmente, o bom desempenho do motor não vem apenas do seu desenho, por mais eficiente que seja. A qualidade do combustível é fundamental porque está relacionada com a energia e o resíduo que cada ciclo produz. Combustível de baixa qualidade não só aumenta o consumo do carro como também acelera o desgaste do motor, o qual traz consequências graves com o passar dos anos. É mais uma característica desse trabalho em grupo tão complexo.

Como mostra o capítulo das fontes de energia, os ciclos Otto e Diesel têm diferenças pequenas quanto à fabricação mas enormes quanto a conceito. O ciclo Diesel se torna mais simples por não precisar da faísca mas perde em versatilidade porque é difícil encontrar outro combustível que inflame nas mesmas condições. O ciclo Otto é mais versátil no uso prático, podendo consumir óleos vegetais e até mesmo gás, então teve muito mas aplicações ao longo dos anos.

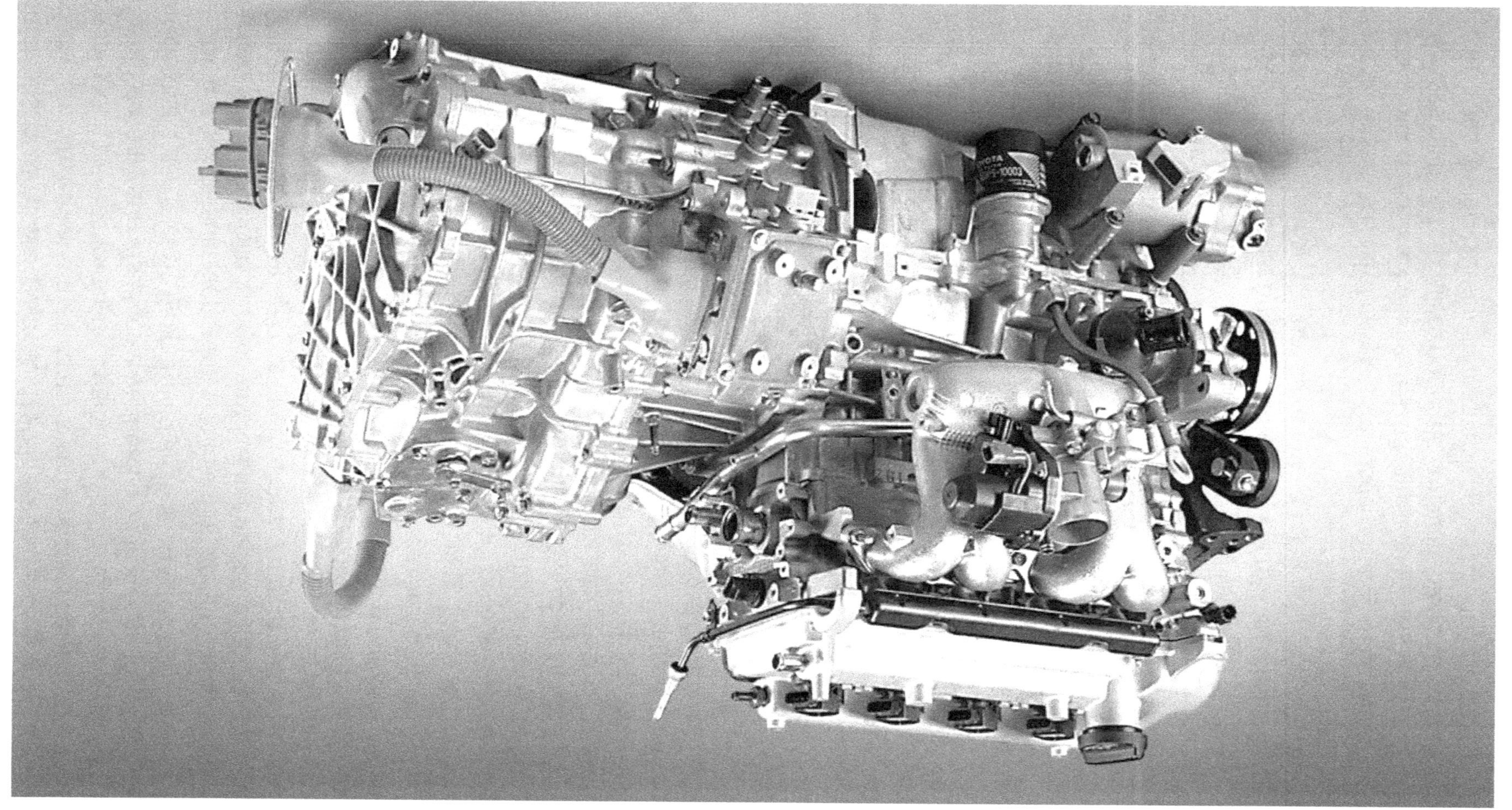

Atkinson

Em poucas palavras, este motor executa as mesmas tarefas que o Otto mas de maneira diferente. Trabalha com quatro tempos, consome mistura ar/combustível, produz movimento alternativo que se converte a rotativo... as diferenças aparecem no seu desenho, pois o Atkinson procura maior eficiência energética em detrimento de um pouco da potência total. Basicamente, ele foi desenhado como uma alternativa ao Otto para oferecer essa nova proposta de uso.

A diferença mais importante é que sua relação de compressão é menor que a de expansão: o movimento de subida do pistão é mais curto que o de descida, ao passo que são iguais no ciclo Otto. Como somente a descida é motivada pela queima do combustível, o gasto com a subida subsequente é menor e o aproveitamento da energia da queima aumenta. Esse movimento semiperiódico dos pistões se consegue ao fazer sua conexão mecânica com o virabrequim usando braços articulados em vez da biela única dos motores Otto.

O Atkinson é mais eficiente, de fato, mas ainda assim não alcançou a produção em massa. O sistema de articulações é mais frágil que o do Otto e o prejuízo à potência se torna um problema ao lembrar que seu valor ainda é um dos argumentos de vendas mais fortes. Os fabricantes tentaram mitigar o problema com um compressor para injetar mais ar/combustível em cada ciclo, mas sem sucesso. O ciclo voltaria a ganhar certa notoriedade apenas nos anos 2010.

Alguns fabricantes criaram uma versão modificada do Otto para se assemelhar ao Atkinson. Ela utiliza um comando de válvulas próprio, que fecha a válvula de admissão mais tarde do que o normal, com o pistão subindo. Uma parte do ar/combustível admitido na câmara acaba retornando e a compressão se executa de fato em menos tempo e com menos combustível. Conseguiu-se uma aplicação prática do conceito do ciclo Atkinson que, apesar de ser aproximada, evita principalmente o grande problema da fragilidade mecânica.

O motor Atkinson moderno se tornou muito popular entre carros híbridos porque consome menos combustível e porque o problema da potência é mitigado naturalmente: em situações de alta demanda, o carro aciona o motor elétrico em conjunto com o de combustão, o que provoca um aumento de potência suficiente para compensar a perda em comparação com o conceito tradicional do ciclo Otto. Entretanto, como os carros totalmente elétricos estão ganhando espaço, é provável esta solução caia em desuso nos próximos anos.

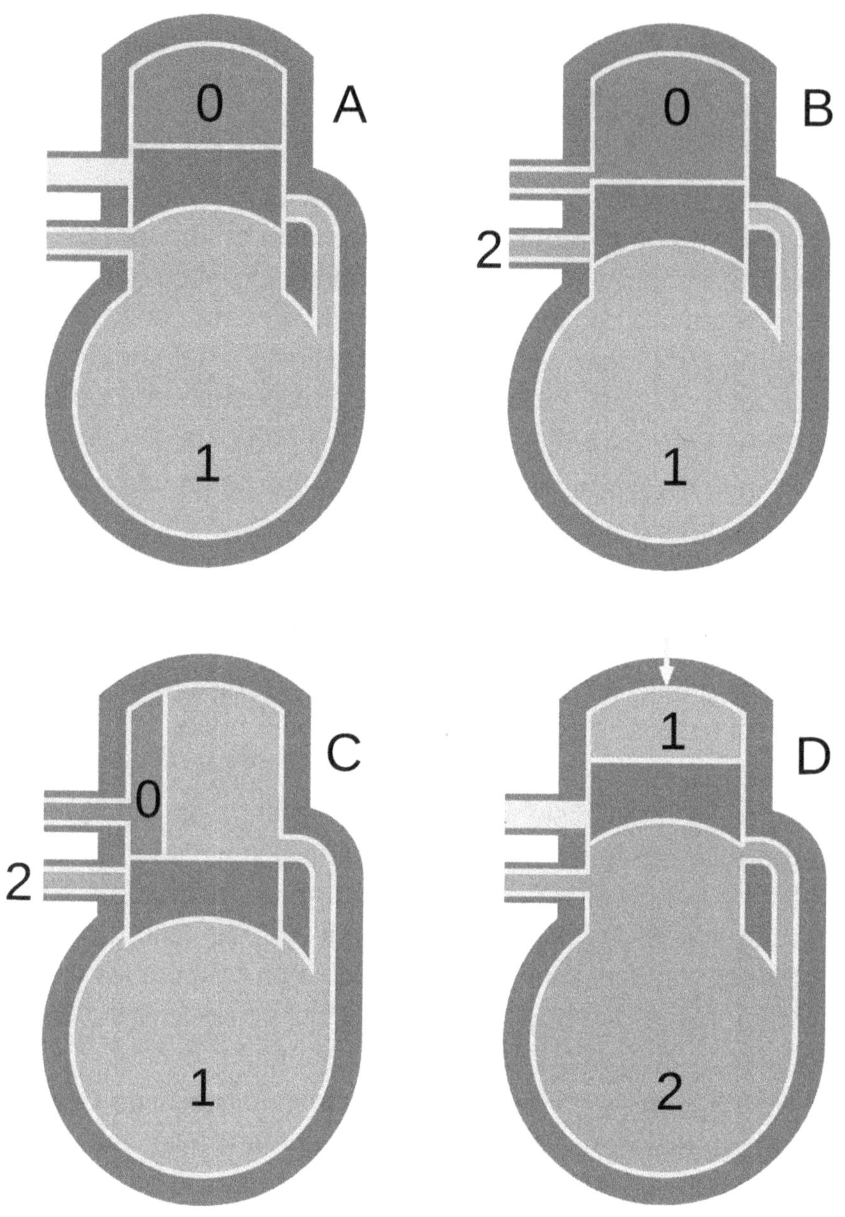

Cilindro dois-tempos em várias etapas (de A a D).

Na parte externa, à esquerda mostra-se a janela de escape aci-ma e a de admissão abaixo; à direita, a janela de transferência.

0: ciclo anterior ao (1)

1: fluxo de ar/combustível em um determinado ciclo;

2: ciclo posterior ao (1);

Em (D), a seta amarela representa a faísca lançada pela vela.

Dois-tempos

A quantidade de tempos é mais uma variável com a qual a indústria já trabalhou para tentar melhorar o motor de combustão interna. Há modelos que trabalham até com mais tempos, mas o outro modelo a ganhar popularidade além do quatro-tempos foi o de apenas dois. Ele executa o mesmo ciclo Otto, mas realiza admissão, compressão, expansão e escape com apenas um vaivém do pistão. Na prática, isso se consegue tendo uma câmara acima do pistão e outra abaixo dele, as duas interconectadas e com volume variável.

Aqui, a mistura ar/combustível entra pela câmara inferior quando o pistão está no limite superior. Ele desce elevando a pressão abaixo e reduzindo acima até liberar a janela de transferência; quando isso acontece, a mistura passa à câmara superior. Quando o pistão volta a subir, a mistura volta a se comprimir até chegar ao ponto mínimo, no qual a vela gera a faísca e produz a explosão. O pistão desce de novo e libera o que agora é o gás de escape para concluir o ciclo.

Como o cilindro dois-tempos tem duas câmaras de combustão, consegue executar um ciclo em cada, sempre em fases diferentes. Outra diferença marcante é que ele não conta com válvulas que têm acionamento externo, mas sim "janelas", ou seja, pequenas aberturas feitas na parede do cilindro com geometria finamente controlada. Elas são acionadas de forma física, ou seja, quando o movimento do pistão deixa de obstruir cada uma; a passagem do fluido ocorre naturalmente pela diferença de pressões criada a cada momento.

Uma grande desvantagem deste motor está na lubrificação: ele queima óleo misturado diretamente ao ar/combustível, de modo que ele precisa ser reposto regularmente e o carro polui a níveis altos o suficiente para fazer esses motores cair em desuso já na década de 1960. Outro problema é que o desenho do motor expulsa a mistura da câmara ao forçar a entrada da nova, então sempre há uma parte da antiga que não sai e uma da nova que se perde: tudo isso resulta em perda de desempenho e aumento do gasto de combustível.

Um fabricante que se associou fortemente ao motor de dois tempos foi o alemão DKW. No Brasil, os modelos chegaram a ser motivo de piada porque o consumo de lubrificante junto com o combustível provocava um mau cheiro característico: nos anos 1960, era comum falar que o dono de um DKW era facilmente reconhecido pelo cheiro das roupas. Hoje, o motor dois-tempos é limitado a algumas aplicações de pequeno porte, como em motocicletas e motosserras.

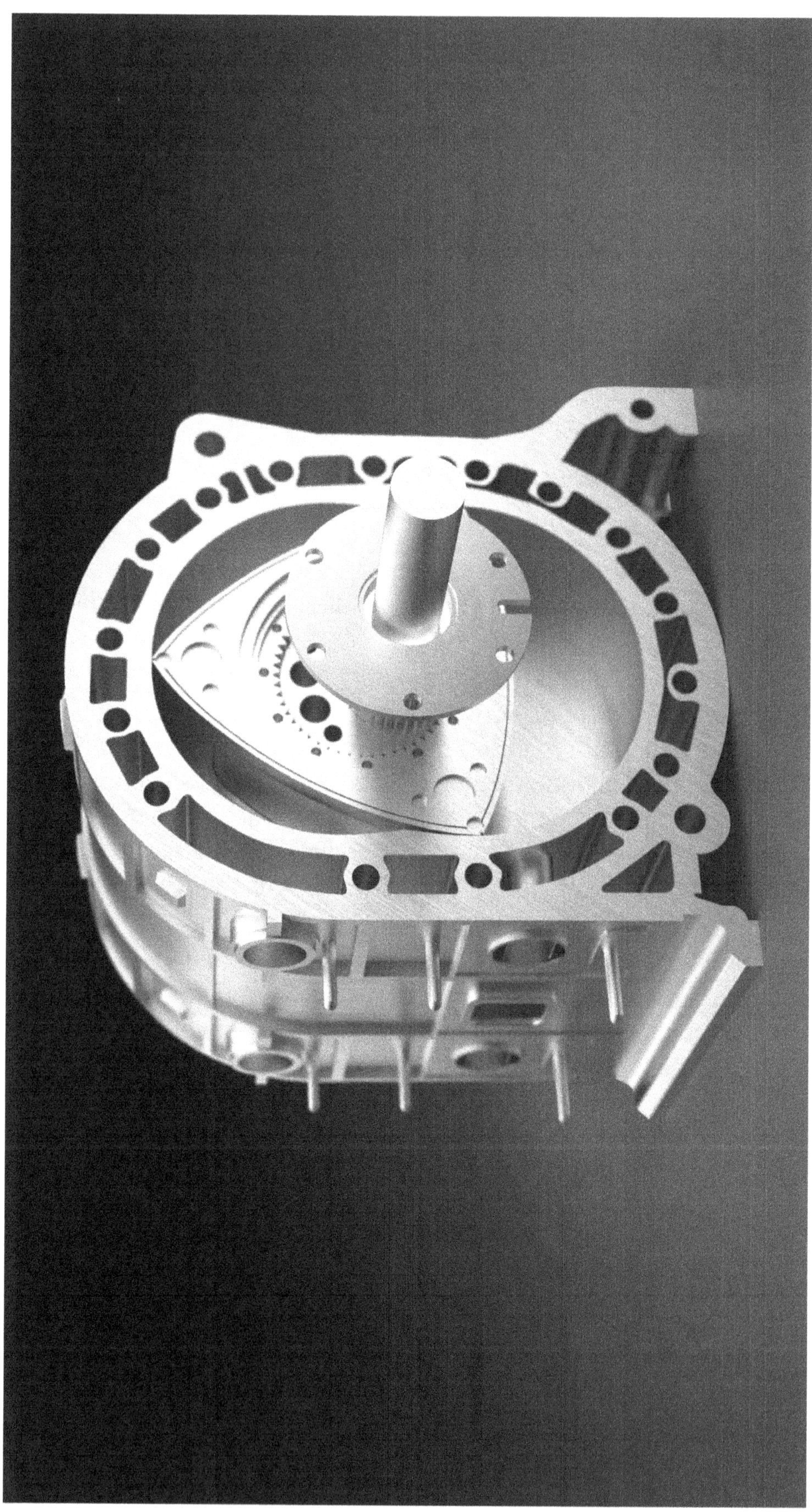

Rotativo

Os motores vistos até aqui usam movimento alternativo, ou seja, pistões que sobem e descem nas respectivas câmaras de combustão seguindo uma linha. No motor rotativo, os pistões são chamados rotores e têm a superfície superior triangular em vez de circular e as câmaras se chamam estatores e têm forma levemente oval. O rotor é vinculado a um eixo com a mesma função do virabrequim e trabalha girando apoiado nas paredes do estator com geometria tal que a cada volta sobre o estator, o eixo do virabrequim dá três voltas.

O desenho desse sistema faz o rotor tocar o estator pelas pontas da superfície triangular, de modo que os lados se aproximam e afastam das paredes repetidamente e o interstício entre as duas peças varia seu volume de acordo com isso. Este motor conta com válvulas de admissão para injetar a mistura ar/combustível justamente nesse interstício. Como todo o sistema é bem vedado, ela passa a ser arrastada pelo próprio movimento do rotor para ser processada.

Em poucas palavras, a mistura é injetada em uma posição onde o interstício é maior, para que seja comprimida à medida que o volume diminui. No seu ponto mínimo, a vela está a postos para gerar a faísca. A explosão subsequente força o rotor a continuar seu movimento, desta vez aumentando o volume para reduzir a pressão do que agora é gás residual. Isso acontece até que se alcance a válvula de escape, pela qual ele sairá para dar início ao ciclo seguinte.

Embora a geometria do rotor não seja perfeitamente triangular, todos os lados são funcionais. Isso permite que cada lado execute um ciclo de combustão por conta própria, o que resulta em três por rotor, sempre em etapas diferentes. É uma grande vantagem sob o ponto de vista da vibração porque, ao haver três fontes em posições praticamente simétricas, a resultante é quase anulada. Além disso, um rotor consegue gerar mais potência e torque que um cilindro alternativo convencional que tenha capacidade volumétrica similar.

O motor rotativo foi aperfeiçoado por décadas até se tornar adequado para o uso em massa, mas seus problemas não são desprezíveis. Seu desenho desfavorece a estanqueidade assim como o do motor dois-tempos, de modo que a queima perde eficiência: consumo de combustível e emissão de poluentes resultam altos demais. Esta última se atenua com o uso do catalisador, mas isso acarreta o problema do custo. Hoje em dia, as poucas aplicações viáveis dos motores rotativos têm sido em carros dedicados ao desempenho.

S · MB 2931E

Elétrico

Motores elétricos convertem energia elétrica em mecânica. São muito usados na indústria porque reúnem construção simples, versatilidade de aplicação e eficiência elevada. Hoje em dia, há diversas opções de capacidade, tamanho e até princípio de funcionamento. Contudo, a maior parte deles segue a mesma concepção básica: a geração de um campo magnético entre duas peças fabricadas com regiões condutoras para que uma possa girar em relação à outra.

Há uma peça fixa, o estator, e uma giratória, o rotor. Ambas são recobertas com metais condutores, os quais formam os polos, têm forma cilíndrica e posição concêntrica, ficando o rotor dentro do estator mas sem que seus polos se toquem. Ao energizar o sistema, a corrente elétrica que começa a passar pelo estator gera um campo magnético que é induzido ao rotor. De acordo com as leis do eletromagnetismo, isso cria uma força mecânica que faz o rotor girar. Este giro é o que se transmite por uma cadeia mecânica até as rodas.

Em automóveis, esse giro é aproveitado de maneira direta, sem a necessidade de passar por um sistema de transmissão. Em outras palavras, carros elétricos não têm marchas a trocar, seja de maneira manual ou automática. Além disso, o motor elétrico não emite ruído como o típico dos motores a combustão interna. Estas são as maiores diferenças em relação aos dois tipos de motor, as quais se traduzem em vantagens e desvantagens de um em relação ao outro.

Como o capítulo das fontes de energia antecipa, os motores elétricos entregam os valores máximos de potência e torque desde o arranque, o qual é útil especialmente no ambiente urbano. Por outro lado, o funcionamento silencioso é algo positivo somente na cabine, por conta do conforto. Do lado de fora, torna-se difícil que um pedestre perceba a aproximação do carro sem vê-lo. Para evitar riscos à segurança e até mesmo a possibilidade de acidentes, os modelos mais novos mitigam isso ao emitir um sinal sonoro ao seu redor.

A trajetória dos carros elétricos atuais tem enfrentado várias barreiras. Nos anos 1990, quando a tecnologia voltou a ganhar força, o maior problema estava nas baterias: tinham capacidade baixa, portanto era preciso usar muitas no carro e isso fazia seu peso disparar. Mais tarde, esse problema foi resolvido mas expôs outro, o do custo elevado. Os esforços se redirecionaram a estimular um aumento da demanda e, para isso, têm contado com incentivos fiscais do governo em muitos países e campanhas agressivas dos fabricantes.

Transmissão

De acordo com os textos anteriores, este componente é exclusivo do motor de combustão interna. Para produzir energia suficiente para mover um carro, ele deve executar o ciclo de combustão a frequências da ordem dos milhares por minuto – a potência, por exemplo, alcança o valor máximo por volta das 5000 rpm. Essa magnitude resulta muito alta para transmitir às rodas a velocidades típicas do trânsito, então era necessário aplicar um componente mecânico para reduzir essa rotação. Eis o papel da caixa de velocidades.

Também chamado "caixa de marchas" ou apenas "transmissão", este componente precisa manter o carro no regime de rotação onde o torque e/ou a potência são máximos de acordo com o uso (costumam ser diferentes). Entretanto, embora esses regimes sejam fixos, o carro precisa de força em um intervalo contínuo de velocidades. A solução ideal é que sua transmissão adote relações menores de redução à medida que acelere, assim permanece à rotação ideal. Na prática, os fabricantes precisaram trabalhar com aproximações.

O primeiro tipo de transmissão a ganhar popularidade na indústria é o manual. Ele é feito com engrenagens, portanto apresenta relações fixas; cada uma representa uma marcha. Além disso, requer que o motorista faça as trocas sempre que necessário: o carro deve iniciar o movimento na primeira marcha porque é a que tem maior relação de redução. Ela permite que o motor alcance a rotação ideal a baixa velocidade, de modo que o carro ganha rapidamente a força necessária para vencer a inércia e iniciar o movimento.

À medida que o carro ganha velocidade, o motorista deve passar às marchas seguintes. Cada uma tem relação de redução menor do que a anterior para, precisamente, permitir que as rodas alcancem essas velocidades mais altas enquanto o giro do motor permanece nos valores ideais. Na prática, há um intervalo de velocidades apropriado para cada marcha: usar uma determinada marcha abaixo do seu intervalo implica subutilizar o motor, enquanto excedê-lo conduz a um esforço excessivo que provoca danos graves rapidamente.

Por falar em danos, um componente de grande importância para o funcionamento correto da caixa manual é a embreagem. Em poucas palavras, ela se interpõe entre a caixa e o motor para regular a transmissão do movimento. Quando o carro pára no semáforo, por exemplo, suas rodas param mas o motor não. É necessário acionar a embreagem para desacoplar o motor da caixa e, assim, interromper temporariamente a transmissão do movimento como se deseja.

Esse desacoplamento momentâneo também é fundamental durante as trocas de marcha porque isso consiste em alterar a engrenagem que a caixa utiliza para fazer a redução do giro do motor no momento. O uso correto da embreagem é assunto de grande debate porque é comum que os motoristas criem vícios ao longo dos anos. A embreagem está sujeita a fricção excessiva, então usá-la fora das situações adequadas promove desgaste acelerado das suas partes internas e comportamento irregular mesmo nos usos devidos.

Em carros urbanos atuais, a transmissão manual tem entre cinco e seis marchas mais a marcha-à-ré; a redução fica em torno de 4:1 na primeira e vai diminuindo até cerca de 1:1 na última. Caminhões e ônibus são um caso particular porque têm massa maior e precisam iniciar e parar o movimento com frequência. Suas transmissões têm por volta de quinze marchas, sendo as primeiras muito curtas: a primeira deve ser trocada imediatamente ao iniciar o movimento.

Como era de se esperar, a indústria fez vários experimentos com o conceito da transmissão ao longo dos anos. Um é a caixa reduzida, comum em modelos fora-de-estrada: oferece algumas marchas a mais com redução maior que as usuais. Elas geram mais força do que o normal em velocidades baixas, o qual é muito útil para a transposição de obstáculos ao trafegar por um terreno acidentado.

A sobremarcha segue o caminho oposto: trata-se de desenhar a última marcha com redução menor do que o usual, mais precisamente abaixo de 1:1. O fato de ser a última significa que será acionada apenas a velocidades altas. Como a redução é baixa, fará o motor girar a valores abaixo dos típicos, de modo que não vai gerar potência máxima. A sobremarcha é recomendada para as estradas, onde economia de combustível é mais importante que velocidade.

Esta transmissão é operada por uma alavanca no painel que se movimenta seguindo um padrão de "H" avançando da esquerda para a direita. Alguns fabricantes desenham a marcha-a-ré à esquerda da primeira para evitar que seja acionada por engano com o carro acelerando à frente: isso danifica a transmissão e pode causar a perda do controle do carro. No entanto, os modelos mais modernos usam vários sistemas para impedir isso, seja físicos ou eletrônicos.

A indústria pesquisou melhorias para este sistema ao longo dos anos, mas seu desenho não dá muitas liberdades. Os ganhos mais notáveis além dos já mencionados são o ajuste do escalonamento e a variação do número de marchas. Quando a caixa tem escalonamento longo, cada marcha é usada em um intervalo de velocidade maior: o carro precisa de menos marchas para alcançar a máxima. Escalonamento longo é adequado para a economia de combustível enquanto o curto é ideal quando a prioridade é o desempenho.

O câmbio manual tem muito prestígio entre os amantes da direção esportiva porque dá mais controle sobre o desempenho do carro: o motorista pode fazer as trocas no limite do intervalo adequado de cada uma para ouvir o som do motor e pode manter o carro sem mudá-la durante uma manobra como o *drift*. No entanto, este público é pequeno: a maioria dos usuários dirige quase sempre na cidade e, por isso, considera a troca de marchas um esforço dispensável.

Por mais que a indústria tenha se esforçado em fazer as trocas mais suaves, a demanda por conforto requeria mais. Quando se fala em transmissão, a evolução real ocorreu na direção de não *precisar* trocar marchas. Os textos seguintes deste capítulo mostram, justamente, os equipamentos desenvolvidos para fazer o próprio veículo operar a transmissão. O termo geral para eles é transmissão automática, mas há três sistemas diferentes que conseguiram aceitação no mercado, cada um com vantagens e desvantagens próprias.

Hoje, após décadas de aperfeiçoamento e feedback do público, pode-se afirmar que a caixa manual caiu em desuso. Ela ainda tem espaço principalmente nos carros esportivos porque adquire caráter emocional mas, ainda assim, já vem sendo preterida por outras mais eficientes. Nos modelos urbanos, a demanda massiva vem tornando as caixas automáticas cada vez mais confiáveis e acessíveis.

OFF
OFF
P
OFF
P
P
R
N
D
M
DRIVE
MODE

Automática

O tipo mais conhecido de transmissão automática foi desenvolvido no começo do século passado. Ela utiliza um sistema de engrenagens diferente, do tipo planetário: umas são menores e giram em torno de outras maiores. Basicamente, o sistema pode bloquear algumas dessas engrenagens em relação às demais e, com isso, produz as relações de redução que representam as marchas. No lugar da embreagem, ele usa o sistema chamado conversor de torque.

Como era de se esperar, seu uso é muito mais simples: o motorista só precisa escolher o modo apropriado para cada momento: a convenção é chamá-los de D (Drive) para a direção comum, N para neutro, R para a marcha-à-ré e P (Parking) para o estacionamento. O costume era de usar uma alavanca para fazer essa seleção mas, como os equipamentos mais modernos têm acionamento eletrônico, vários carros já a trocaram por um pequeno console de botões. Alguns até o usam no painel para não prejudicar o design interno.

Além de trazer comodidade, a caixa automática é elogiada pela suavidade de funcionamento. Isso acontece porque o carro procura fazer as trocas no momento mais adequado e usa engrenagens do tipo epicicloidal, cuja produção é mais refinada e permite funcionamento mais silencioso que as convencionais. Tudo isso tornou esse sistema ideal para o trânsito urbano de forma que, à medida que se tornou popular no mercado, virou um complemento ao manual.

Por ter produção mais cara, a caixa automática foi restrita a carros de luxo por muitos anos. Isso limitou seu mercado consumidor e, com ele, o interesse dos fabricantes em desenvolvê-la. Os modelos mais antigos davam prioridade ao conforto, o que costuma ser prioridade em carros de luxo, então usavam poucas marchas e escalonamento longo. Isso tornava a direção pouco agradável para entusiastas e ainda prejudicava o consumo de combustível: dois problemas que só dificultavam o seu caminho rumo à aceitação em massa.

Essa situação só mudou quando os fabricantes perceberam que o consumidor urbano de categorias mais baixas também tinha muito interesse na caixa automática e procuraram torná-la mais acessível. Hoje, a demanda maior motivou o desenvolvimento de caixas apropriadas para mais usos e um melhor gerenciamento dos parâmetros de funcionamento: o motorista pode definir alguns por conta própria ou só deixar que a caixa aprenda o seu estilo de dirigir: com o passar do tempo, ela começa a privilegiar o desempenho ou a economia.

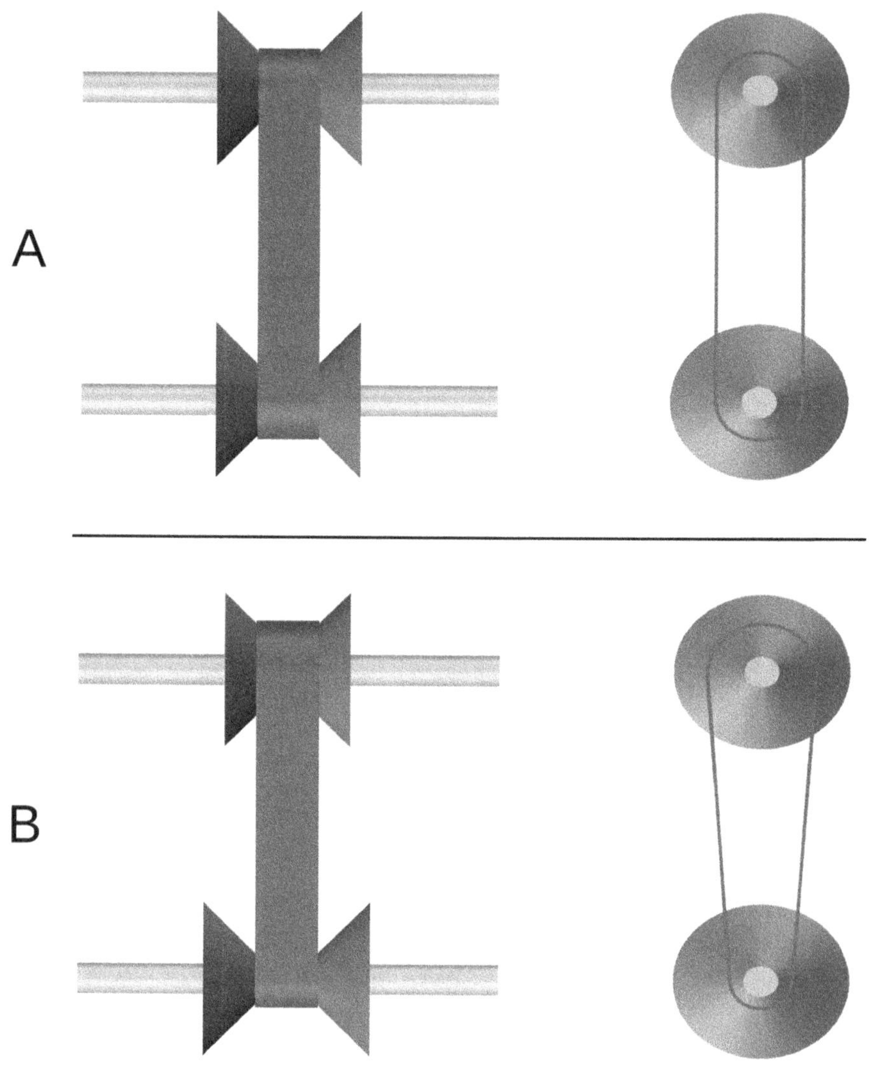

A: Esquema com os dois pares de polias na mesma posição nos respectivos eixos. A correia gira com relação de diâmetros igual, ou seja, sem redução da rotação de um eixo ao outro.

B: Esquema com as polias de um par mais distantes entre si e as polias do outro mais próximas. A correia passa a se apoiar em diâmetros diferentes, de modo que há redução da rotação.

CVT

Os dois tipos de câmbio vistos até aqui usam marchas, ou seja, transmitem o movimento com relações fixas de redução que devem ser trocadas de acordo com a velocidade do carro. Embora atendam à maioria dos carros, não deixam de ser uma solução aproximada: o giro do motor muda constantemente, então o carro raramente roda, de fato, no regime adequado: demora a ganhar velocidade se está a giro muito baixo e gasta muito combustível a giro alto. A solução ideal é comentada no texto da caixa manual: redução contínua.

A transmissão continuamente variável (em inglês, CVT) conecta o eixo de rotação do motor com o das rodas não mais por engrenagens, mas sim como mostra a ilustração ao lado. Cada eixo tem um par de polias que, quando em contato, ganham forma de ampulheta. A correia tem seção transversal em formato de "V" para encaixar no vão entre as polias. O destaque é que o par de polias pode se deslocar ao longo do seu eixo; o "V" onde a correia se encaixa fica mais alto ou mais baixo e isso muda a distância entre ela e o eixo.

Na visão transversal, percebe-se que esse esquema permite variar um ou ambos diâmetros com os quais a correia trabalha e, como consequência, a relação de redução do giro do motor. Como as polias têm deslocamento contínuo, a redução herda essa característica. Na prática, o carro com CVT alcança uma rotação determinada e consegue mantê-la à medida que aumenta a velocidade. Esse valor de rotação é definido pelo seu fabricante e pode estar relacionado com a faixa de maior potência do motor ou a de menor consumo.

Esse funcionamento dá à CVT operação suave silenciosa, além de cômoda, portanto tem-se outro sistema mais apropriado para as cidades em detrimento da direção esportiva. Ele é mais novo que o automático com conversor de torque e causa certo estranhamento em usuários novos, então demorou um pouco mais a cair no gosto do público. No entanto, hoje em dia já é usado por vários fabricantes como uma opção ao câmbio manual que mantém preço acessível.

A inovação mais recente das CVTs é chamada comercialmente de "marchas virtuais". Quando o carro ganha velocidade, o câmbio consegue fazer pausas momentâneas no movimento das polias comentado acima. Isso interrompe o som do motor de forma similar à das mudanças em um câmbio convencional manual ou automático e, assim, reduz a sensação de estranhamento que o CVT pode causar especialmente em quem está no seu primeiro carro com ele.

1
2
3
4
S
D
N
R
N
MAX
180W

Automatizada

Custos são uma fonte de problema na comercialização de qualquer tecnologia nova. Muitas vezes, ele só será realmente atenuado ou mesmo resolvido quando alcançar demanda alta, o qual costuma levar muito tempo. Quando a indústria não pode arcar com tal espera, pelo motivo que for, acaba procurando soluções paliativas temporárias. O capítulo das fontes de energia mostra que a propulsão híbrida é um caso disso até que a elétrica difunda devidamente.

O público sempre desejou a comodidade de não precisar trocar marchas mas, até a década de 2000, a CVT ainda não tinha grande aceitação e a transmissão automática só era viável nos modelos de luxo. A indústria desenvolveu a embreagem automática como solução paliativa especialmente para os carros populares, que historicamente usavam apenas câmbio manual, mas ela não prosperou por vários motivos: custo elevado, propensão a falhas e, mais tarde, prejuízo ao valor de revenda do carro por causa das vendas fracas.

A situação melhorou de fato quando o problema foi encarado de forma direta: o câmbio "automatizado" nasceu a partir de acoplar um atuador eletrônico à caixa manual para que ele realize as mudanças de marcha. O motorista seleciona o modo desejado entre P, R, N e D como na caixa automática e deixa o carro cuidar do resto: a central eletrônica analisa diversos parâmetros de rodagem continuamente, como velocidade, rotação do motor e inclinação das rodas, e determina o melhor momento para trocar de marcha acima ou abaixo.

Além do custo baixo, a caixa automatizada caiu no gosto do público por atender a necessidade original sem causar outras. A partir daí, os fabricantes se dedicaram a melhorar o conceito: deixaram as trocas mais rápidas e suaves, criaram a seleção de modos esportivo e econômico e calibraram o sistema para ser mais sensível a situações típicas como baliza, onde é preciso movimento a baixa velocidade, e subida de ladeira, que requer usar uma só marcha até o fim. Seu funcionamento se tornou cada vez mais agradável.

Uma das melhorias mais notáveis é a embreagem dupla. A caixa emprega uma para as marchas pares e outra para as ímpares para se antecipar a cada troca e fazê-las mais rápido. O sistema foi criado pelo grupo Volkswagen mas logo adotado por outros fabricantes. O uso massivo mostrou que ele se adapta bem a carros de luxo pela suavidade e a esportivos pela rapidez, então logo virou concorrente forte tanto ao câmbio manual como ao automático tradicionais.

Alfa Romeo
Alfa Romeo
V6 90°

Outros

O capítulo da parte mecânica mostra que o desenvolvimento da eletrônica foi fundamental para que o carro evoluísse até o patamar em que o conhecemos hoje. Ela foi responsável pela criação de vários sistemas dedicados a desempenho, habitabilidade e segurança mas também ao aperfeiçoamento de outros que já equipavam o motor desde o começo, até então operando de forma puramente mecânica. Os componentes do motor e da transmissão comentados até aqui neste capítulo são apenas alguns exemplos de tudo isso.

Agora, é interessante especificar a atenção em outras partes do motor que, embora tenham papeis igualmentes importantes, não poderiam ser apresentadas em primeiro lugar. O sistema de injeção é o responsável por preparar a mistura ar/combustível e por enviá-la a cada câmara de combustão; as válvulas controlam o que entra e sai das câmaras no motor quatro-tempos; o turbocompressor força um aumento do rendimento do motor; e o start/stop interrompe seu trabalho de forma controlada visando consumir menos combustível.

Destes, os dois primeiros são partes inerentes ao funcionamento do motor; sua evolução ocorreu através da troca dos primeiros equipamentos por outros mais modernos e eficazes. Turbocompressor e start/stop, por sua vez, vem trazendo grandes benefícios ao desempenho e ao consumo de combustível, na ordem, mas são opcionais. Neste capítulo, os textos dedicados mostram como cada equipamento atua no funcionamento do carro e como a indústria vem aprimorando-os desde que ganharam aceitação massiva no mercado.

O primeiro sistema de injeção de combustível era o carburador. É uma peça de dimensões finamente calculadas que conta com um tubo maior para receber ar e acelerá-lo e um tubo menor que recebe o combustível. Através da diferença de pressões, ele cria a mistura ar/combustível e força seu fluxo rumo à borboleta. Esta, por sua vez, é uma peça vinculada diretamente ao pedal do acelerador: quanto mais ele é pressionado, mais ela se abre e mais mistura permite que passe. Daí, a mistura flui diretamente às câmaras de combustão.

O carburador era muito popular porque tinha concepção simples e, na maioria das vezes, manutenção fácil. No entanto, seu princípio puramente mecânico o tornava difícil de modificar: qualquer mudança no rendimento requeria a intervenção de um mecânico, pois implicava alterar a geometria da peça. Quando o fabricante queria melhorar o desempenho do carro, só poderia recorrer à utilização de mais carburadores em paralelo. Infelizmente, o conceito dessa solução já antecipa que o consumo de combustível sai prejudicado.

Esse sistema não caiu em desuso por ser ruim, mas sim porque a injeção eletrônica é muito melhor. Ela pode controlar a quantidade de mistura a injetar, o momento em que isso se faz e até a proporção de combustível na massa de ar, sem contar que pode alterar esses parâmetros rapidamente. Isso otimiza a queima de tal forma que, ao comparar com o uso do carburador, os carros conseguem melhorar o desempenho e diminuir a emissão de poluentes e o consumo de combustível ao mesmo tempo – um feito raríssimo neste meio.

A ascensão da injeção eletrônica só foi atrapalhada nos primeiros anos pelo próprio custo – o aumento em relação ao carburador era diretamente proporcional ao de complexidade de produção. Assim como em outros casos, os fabricantes lidaram com isso ao oferecer a injeção eletrônica começando pelos carros mais caros. Nos segmentos de entrada, eles começaram recorrendo a soluções paliativas como o carburador eletrônico, que recebia várias informações como temperatura e rotação para otimizar seu funcionamento.

Naturalmente, a indústria procurou todas as formas de aprimorar esse sistema ainda mais. Os processadores utilizados ficaram cada vez mais rápidos, o sistema multiponto veio para trabalhar com cada cilindro de forma independente e o maior entendimento dos tempos de injeção permitiu criar modos de funcionamento como esportivo e econômico. À medida que a indústria começou a entender bem tudo isso, direcionou o foco a outras variáveis do sistema de injeção.

Até pouco tempo atrás, os sistemas injetavam a mistura ar/combustível no coletor de admissão, uma peça intermediária que a conduz às válvulas de admissão. A injeção direta representa uma melhoria porque envia a mistura às próprias câmaras de combustão e, assim, evita aquele passo intermediário. O uso desse sistema motivou um novo planejamento do fluxo da mistura para fazê-la entrar nas câmaras com maior dispersão, o qual aproveita melhor a energia que o combustível injetado pode liberar na hora da queima.

Passando aos motores diesel em particular, o sistema *common-rail* foi desenvolvido nos anos 1990 e lhes trouxe outra grande evolução. O nome vem da adoção de um recipiente único para armazenar sob pressão alta o combustível a ser injetado em todos os cilindros. Além dos benefícios já mencionados do uso de injeção eletrônica, a possibilidade de o combustível já entrar nas câmaras pressurizado facilita a combustão espontânea do diesel, já que ela depende diretamente dessa variável. O motor ganha em eficiência outra vez.

Passando aos desenvolvimentos mais recentes, a injeção direta foi aperfeiçoada através do funcionamento estratificado. Quando se dirige a velocidades baixas, como na cidade, o sistema trabalha com uma mistura ar/combustível mais pobre, ou seja, com menor quantidade de combustível para cada massa de ar, e a injeta nas câmaras com certo atraso (usa o efeito Atkinson comentado algumas páginas atrás). O carro funciona gerando menos força do que poderia, já que ela não é necessária, e aproveita para usar menos combustível.

Em situações como ultrapassagens ou o simples uso rodoviário, o sistema de injeção passa ao modo normal. Prepara misturas mais ricas e as envia às câmaras no tempo normal. Tudo isso otimiza os ciclos de combustão para se obter rendimento melhor mesmo que o consumo aumente, afinal a situação requer isso. Em resumo, a injeção estratificada trabalha junto à central eletrônica para alterar a mistura a utilizar e o tempo em que isso se faz. O grupo Volkswagen se especializou em associar esta injeção ao turbocompressor.

Inovações como esta têm sido as responsáveis não só pela sobrevida que o motor de combustão interna vem tendo até hoje como pelo fato de ele ainda conseguir se manter importante nos trabalhos de praticamente todos os fabricantes de grande porte. Entretanto, é preciso reconhecer que essa tecnologia está chegando a um limite: cada evolução subsequente tende a ficar mais complexa e cara e a promover melhorias menores no rendimento. Assim, pesquisar mais tecnologias para este motor fica cada vez menos interessante.

Válvulas

Em poucas palavras, cada cilindro do motor de combustão interna precisa ter ao menos duas válvulas. A de admissão permite que a mistura ar/combustível entre e a de escape abre a passagem para a expulsão do gás produzido pela queima. A abertura e o fechamento de cada uma são independentes e são controlados de forma precisa pelo comando de válvulas, componente que as aciona fisicamente e com periodicidade diretamente relacionada à rotação do motor. Em muitas palavras, seria possível escrever um livro inteiro só delas.

Aprimorar o funcionamento das válvulas é uma tarefa difícil porque não há grande liberdade. Torná-las maiores aumenta o esforço necessário para acioná-las e tem a eficácia limitada pelo fato de o espaço disponível ser pequeno. A primeira melhoria notável foi adotar mais de uma válvula para cada função (no geral, duas). Isso faz cada ciclo produzir mais energia, o qual aumenta potência e torque do motor, mas automaticamente também o faz consumir mais.

Outro avanço foi mudar a posição. Os primeiros motores usavam válvulas laterais, ou seja, ao lado dos respectivos cilindros. Embora houvesse a vantagem de altura total menor, este desenho dificultava o fluxo do ar/combustível rumo às câmaras e, com isso, prejudicava a queima. Colocar as válvulas diretamente acima das câmaras ajudou muito nisso, mas os primeiros sistemas mantinham a origem do seu acionamento na posição antiga: criava-se uma cadeia mecânica longa que desperdiçava energia e gerava mais fontes de quebra.

O componente que as aciona é chamado comando de válvulas. Ele é diretamente ligado à rotação do motor e trabalha pressionando-as nos instantes adequados. Colocá-lo também acima dos cilindros deixou o motor mais alto, mas tornou seu funcionamento mais direto e simples: é o sistema mais utilizado na atualidade. Alguns fabricantes vão além e empregam o comando duplo: um somente para as válvulas de admissão e outro para as de escape. Isso permite desenhar melhor o trabalho de cada grupo e os torna mais eficientes.

Uma das consequências de não respeitar o limite de rotação do motor se chama flutuação de válvulas. Ao funcionar com frequência além da adequada, elas não conseguem abrir e fechar com agilidade suficiente para acompanhar os pistões. As consequências podem ir desde uma simples perda de eficiência da queima até a falha das molas que acionam as válvulas e até mesmo ao seu contato repetido com o respectivo pistão, o que traz danos severos ao motor.

PEUGEOT
3008
HX-008-AV
GT

Sobrealimentação

Os motores convencionais têm aspiração natural, ou seja, admitem ar/combustível exclusivamente por causa da diferença de pressão criada nas câmaras de combustão. Quando se deseja aumentar o rendimento do motor, as soluções mais comuns envolvem forçar a admissão de volumes maiores. É possível usar cilindros e válvulas maiores e/ou em maior quantidade, mas isso faz o motor consumir mais combustível e pode deixar o motor grande demais. Isso gerou a ideia de forçar mais ar/combustível nos motores já existentes.

O primeiro recurso para isso foi o compressor mecânico. Ele aumenta a pressão da mistura para fazer o mesmo volume enviado às câmaras comportar mais massa. Ele aumenta mesmo o rendimento do motor e tem fabricação simples, mas tem o problema de solicitar energia do próprio motor, através de aproveitar a rotação do virabrequim. Ele acaba consumindo energia para gerar energia, então sua eficácia fica limitada. Por incrível que pareça, a ideia que realmente deu certo foi adicionar outro componente ao sistema: a turbina.

A turbina aproveita o gás de escape do motor porque é expelido a velocidade alta e representa grande energia cinética. Isso coloca a turbina em funcionamento para produzir energia mecânica e esta se aproveita para ativar o compressor. O sistema chamado turbocompressor consome energia de uma fonte que, até então, era desperdiçada. Ele começou a ganhar espaço na indústria pelos esportivos, pois trouxe números de potência e torque até então impensáveis.

Um problema que este sistema enfrentou nos primeiros anos era o *turbo lag*. Tanto a turbina como o compressor requerem certo nível de rotação do motor para alcançar a condição de trabalho, portanto o desempenho do carro fica prejudicado em rotação baixa. Considerando que a maioria dos carros urbanos funciona nesse regime para economizar combustível, os primeiros "turbos", como são informalmente chamados, não lhes traziam melhoria notável na prática.

Isso se resolveu com a turbina de geometria variável. O sistema permite alterar a capacidade efetiva com a qual funciona. Com isso, consegue funcionar a rotações mais baixas e acionar o compressor mais cedo. O *turbo lag* diminui e o conjunto se torna apropriado também para carros de vocação urbana. O turbocompressor moderno é um dos responsáveis pela tendência do *downsizing*, que representa a obtenção de maior rendimento pelo uso de tecnologia embarcada em vez do simples aumento da capacidade física dos motores.

K PC 1067

Start / Stop

Uma das premissas do funcionamento do carro é que seu motor esteja funcionando durante todo o tempo de uso. Afinal, como este capítulo comenta nos primeiros textos, ele é a sua principal fonte de energia. Embora os fabricantes invistam muito em formas de economizar combustível com o carro em movimento, também há potencial ao trabalhar simplesmente com o período em que o motor não está produzindo movimento. Este é o princípio do sistema start/stop, cujo nome real seria "sistema de desligamento e partida automáticos".

Em poucas palavras, ele desliga o motor quando o carro pára e o religa quando retoma o movimento. Equipamentos como ar-condicionado e sistema de áudio passam a utilizar energia da bateria até que o carro identifique o reinício do movimento, o que pode acontecer ao soltar a embreagem de um carro manual ou mover o seletor do automático de volta à posição Drive. O sistema não atua de forma alguma quando o carro está em movimento e religa o motor mesmo parado se o ar-condicionado precisar voltar a refrigerar a cabine.

Este conceito era estudado pelos fabricantes desde a década de 1970 e já trazia melhoras no consumo, mas demorou a deslanchar porque gerava outros problemas: o sistema de ignição sofria com o uso mais intenso e o motor, na época sempre carburado, demorava demais a responder. Os sistemas atuais utilizam ignição preparada para o novo requerimento e têm a grande ajuda da parte eletrônica, que deixou as respostas do motor rápidas e seguras o suficiente.

Além de as tecnologias disponíveis colaborarem enormemente, o mercado consumidor também se tornou mais favorável ao uso do start/stop com o passar dos anos. As pessoas estão passando mais tempo no trânsito urbano e este, infelizmente, tem ficado cada vez mais congestionado. Os tempos em que o carro permanece imóvel na rua estão maiores, portanto há mais oportunidades do que nunca para o sistema atuar e ajudar o carro a economizar combustível.

O sistema start/stop ganhou popularidade no começo da década de 2010 a bordo de carros e versões focados na economia de combustível. Neste caso, era associado a equipamentos como pneus de baixa resistência ao rolamento, motores com cilindrada reduzida e turbocompressor (seguindo a tendência do *downsizing*) e acessórios visuais voltados ao apuro aerodinâmico máximo, como entradas de ar e rodas com desenho mais fechado. Hoje em dia, ele já se tornou presença obrigatória na maioria dos carros de vocação urbana.

Desempenho

Compreenda um pouco da magia que torna alguns números parte da identidade do carro.

Cinco segundos para acelerar de zero a 100 km/h. 2,70 metros entre eixos. Apenas 100 g/km de dióxido de carbono. O menor diâmetro de giro da categoria. Poltronas com ajuste milimétrico de encosto. Velocidade máxima de 250 km/h. Consumo 25% menor que o do antecessor. Cx de 0,32...

A estratégia de divulgar carros com números é comum nas peças de propaganda e onipresente nos textos da imprensa especializada. Na maioria dos casos, eles são indicadores muito precisos das características de um dado carro e permitem compará-lo com outros. Contudo, nada disso tem utilidade sem certo nível de entendimento.

Mais do que conhecer essas magnitudes, é preciso saber o que representam. Algumas são elementos típicos de rodas de conversa mas não têm grande uso prático. Já outras são fundamentais para entender o quão seguro cada carro é mas simplesmente não recebem a atenção merecida.

Embora a palavra "desempenho" seja mais associada à direção esportiva, a verdade é que também inclui magnitudes que influenciam conforto, eficiência energética e, de certa forma, segurança. Os textos a seguir são baseados em conceitos tipicamente trabalhados pela imprensa especializada e pela publicidade feita pelos fabricantes.

Aceleração

Segundo a física, aceleração é a variação da velocidade no tempo. Quando é aplicada na prática, o movimento resultante do corpo deve superar barreiras como a tração no piso e a resistência do ar. Um carro, por exemplo, começa a sair da imobilidade superando o atrito natural entre os pneus e o piso. De acordo com as partes anteriores deste livro, ele se movimenta através de rolamento para minimizar tal resistência e, assim, começar a ganhar velocidade exigindo menos esforço do motor – e gastar menos combustível.

Em linhas gerais, o esforço de aceleração do carro se produz em duas grandes partes: uma consiste em vencer a inércia e a outra se trata do ganho de velocidade. O esforço aumenta quando o carro é pesado, quando seu motor tem capacidade pequena e quando está trafegando em um piso de baixa aderência – também há variáveis a cargo do motorista, como o uso da transmissão. Quanto maior for o esforço para acelerar, mais força o carro exige do motor e, em consequência, maior será o gasto de energia para movimentar-se.

A aceleração apresenta a característica de transferir uma parte do peso do carro à parte traseira. Em outras palavras, a carga sobre o eixo dianteiro diminui ao mesmo tempo que a do eixo traseiro aumenta. Quando o processo se executa com intensidade extrema, o carro chega a erguer seu eixo dianteiro, ficando apoiado somente sobre o eixo traseiro durante alguns segundos. Isso é comum entre carros dragster, desenhados para disputar provas de arrancada.

Como se pode imaginar, esse efeito só é comum em carros preparados especificamente para alcançá-lo. Mais próxima da realidade dos carros urbanos é a patinação: quando o motorista acelera forte desde a imobilidade, a transmissão e as rodas recebem muita força de repente. As rodas acabam girando em falso por alguns segundos simplesmente porque não conseguem exercer tração suficiente para rodar corretamente e fazer o carro avançar. Esse deslizamento dos pneus chega a queimar a borracha, o qual gera a fumaça típica.

Passando à resistência ao movimento do carro, as fontes principais foram mencionadas no primeiro parágrafo. Conhecê-las é muito importante porque cada uma representa um aumento do esforço que o motor precisa realizar. Isso ajuda a explicar por que motores menores e/ou carros mais pesados são mais lentos, mas essa relação não é tão direta como parece especialmente em se tratando dos carros mais recentes: como vários componentes do conjunto motriz ganharam acionamento eletrônico, o carro consegue se adaptar.

De acordo com os capítulos anteriores, um motor moderno pode trazer vários sistemas para alterar o rendimento que obtém: desativação parcial dos cilindros, comando de válvulas variável e injeção de combustível estratificada são apenas alguns dos exemplos. Tantas variáveis à disposição permitem que a central eletrônica do carro identifique qual é a melhor configuração de todas para cada momento entre aquela que prioriza a economia de combustível, aquela que oferece o maior desempenho e as várias opções intermediárias.

Nos testes de aceleração mais comuns, o carro parte da imobilidade para que se possa examinar seu comportamento em todas as fases. Costuma-se selecionar 60 mph ou 100 km/h como velocidade final para o teste, mas também há variações com velocidades menores para carros urbanos e maiores para carros esportivos de modo a analisar melhor a resposta em situações mais comuns a cada tipo. Carros pequenos alcançam a velocidade padrão em cerca de quinze segundos ao passo que modelos esportivos rondam os quatro.

Testes padronizados como esse são úteis para comparar carros, especialmente quando pertencem à mesma categoria de mercado. Contudo, devemos lembrar que não representam o uso prático: não se chega a uma velocidade assim no uso urbano, por exemplo. No cotidiano, o carro precisa mais do torque, que está relacionado com a força necessária para entrar em movimento, do que da potência, que influencia sua velocidade máxima. Como esse esquema implica vencer a inércia repetidamente, o consumo sempre se prejudica.

Problemas como este do anda-e-pára e o da patinação mencionado alguns parágrafos atrás fazem com que a magnitude da aceleração funcione de forma bem diferente à que os testes da imprensa exibem: na prática, ela avalia a elasticidade do carro. Em outras palavras, sua capacidade de deesenvolver força em uma determinada condição de rotação do motor e marcha escolhida. Como se mostra em capítulos anteriores, a transmissão tem papel fundamental para fazer o motor aproveitar sua potência e torque o máximo possível.

Motores de combustão interna produzem potência e torque em uma curva de valores de acordo com a rotação do motor: as magnitudes crescem até seu ponto máximo, que fica por volta de 6000 rpm para a potência e 3000 rpm para o torque, e voltam a cair para rotações mais altas. A transmissão, seja manual, automática ou CVT, é destinada precisamente a manter o motor na zona mais proveitosa a diversas velocidades. Motores elétricos não precisam de nada disso porque oferecem ambas magnitudes ao máximo desde a partida.

Essa operação influencia diretamente o comportamento dinâmico do carro, portanto não pode ser negligenciada: deixar o carro em uma marcha alta para a velocidade do momento diminui sua capacidade de aceleração porque deixa a rotação muito baixa; já deixá-lo numa marcha baixa faz a rotação disparar, o qual não só não favorece o desempenho como pode conduzir aos problemas já comentados neste livro. Esta necessidade de trocar marchas com frequência é o que faz cada vez mais gente preferir os câmbios automáticos.

Naturalmente, tudo isso tem alguns casos de exceção. Quando o carro sobe uma ladeira ou realiza uma ultrapassagem, por exemplo, precisa ficar na mesma marcha até o fim para que a progressão do rendimento não seja interrompida – isso é ainda mais importante no caso da ladeira porque uma troca de marcha inoportuna pode fazer o carro parar no meio por pura falta de força. As transmissões automáticas modernas não seguem essa regra à risca porque trabalham com diversos parâmetros de rodagem obtidos eletronicamente.

Os testes típicos da imprensa especializada e das fichas técncas do fabricante são úteis de fato somente quando o usuário entende o que representam no uso prático. Conhecer a capacidade do carro e procurar aproveitá-la bem são quase uma garantia de que o veículo terá desempenho satisfatório tanto no trânsito das cidades como ao fazer ultrapassagens nas estradas – e tudo sem consumir combustível em excesso. Isso vale tanto para modelos potentes e sofisticados como para os que possuem conjunto mecânico modesto.

CX-3
IMAGINATION DRIVES US

Consumo

Enquanto a aceleração é uma magnitude fortemente associada ao lado emocional, o consumo de combustível é a primeira em que se pensa ao falar da parte racional do desempenho de um carro. A princípio, é simplesmente a medição da distância percorrida usando uma determinada quantidade de energia, que pode vir do combustível nos carros com motor de combustão interna ou das baterias dos modelos elétricos. No entanto, há muito mais nisso para analisar.

O uso de energia se torna mais palpável e próximo da realidade do motorista quando é calculado como autonomia, ou seja, a distância máxima percorrida com um tanque ou uma bateria. Praticamente tudo em um carro exerce influência nessa distância, portanto os fabricantes têm diversas variáveis com que trabalhar. Por outro lado, investir muito na economia de combustível vai de encontro ao conforto dos ocupantes. Tudo isso torna esta análise muito complexa.

Como mostram os capítulos anteriores, uma das variáveis mais influentes aqui é o conjunto motriz. No motor de combustão interna, a cilindrada representa a quantidade de combustível processada de uma vez e as válvulas regulam o tempo em que se recebe combustível para processamento. Injeção eletrônica e transmissão exercem influência de maneira mais dinâmica, pois estão relacionadas com o modo de condução: carros atuais conseguem se adaptar continuamente para priorizar o desempenho ou a economia de energia.

Por falar nos carros mais recentes, o aumento da tecnologia embarcada tem conseguido conciliar performance e economia melhor do que nunca. O uso de novos materiais e processos produtivos tem colaborado para a redução do desperdício de energia ao longo das etapas do funcionamento do motor, ao passo que o gerenciamento eletrônico trabalha sobre elas para trazer maior controle do processo como um todo. Hoje, é preciso analisar o nível de tecnologia embarcada para poder comparar dois motores de forma apropriada.

Depois do motor, a aerodinâmica também é muito importante no uso de energia. A expressão comum no meio automobilístico é que um perfil externo mais suave e fluido desloca o ar mais facilmente e, portanto, exige menos energia do motor. No entanto, a influência deste fator é maior quando o carro trafega a velocidades elevadas: ar é um gás, portanto muito mais fácil de deslocar do que água, por exemplo. Deslocá-lo sempre requererá energia, é claro, mas isso só se torna apreciável em situações mais intensas, como na estrada.

Embora a direção na estrada ganhe esta fonte de desperdício de energia, tipicamente chamada de arrasto aerodinâmico, perde outra: como o carro usa velocidade constante por mais tempo e pára menos vezes, o trabalho para vencer a inércia diminui. No entanto, esta análise se realiza neste mesmo texto alguns parágrafos à frente.

Todos os fatores mostrados até aqui são relacionados à construção do automóvel, mas não são os únicos. O motorista também tem grande influência sobre a eficiência energética do carro porque seus costumes afetam principalmente o método de direção e a manutenção realizada. Na prática, pode-se afirmar que as duas características têm uma participação ingrata: o motorista consegue obter melhorias pequenas quando cuida bem delas e prejuízos grandes caso descuide delas. Por tudo isso, as duas se tornam importantes.

Um automóvel é projetado para trabalhar sob determinadas condições. Carga, combustível, fluidos, lubrificação, pneus... tudo deve seguir parâmetros com tolerância estreita. Quanto mais o motorista descuidar da manutenção, mais o carro se afasta dessas condições apropriadas. É fácil deduzir que as consequências são desastrosas em situações extremas, mas também há muitos problemas que podem ocorrer antes disso – consumo maior é justamente um deles.

O fluxo de líquidos e gases deposita partículas nos dutos e filtros pelos quais passam, de modo que sua área útil diminui; os fluidos lubrificantes sofrem com a passagem do tempo perdendo as características de trabalho que devem oferecer; as peças que trabalham à base de atrito intenso sofrem arranhões e perda de dimensões e de forma; os encaixes começam a ter folgas variadas; os elementos de vedação perdem mais e mais eficácia e assim sucessivamente.

Sob esse ponto de vista, o aumento no uso de energia termina ganhando um papel preventivo. Há várias formas de defeito que começam a se manifestar ao prejudicar a performance como um todo, de maneira que o carro "anda menos e consome mais". Portanto, é importante que o motorista preste atenção a qualquer elevação súbita do uso de energia não apenas por conta do impacto financeiro, mas também porque pode ser sintoma de um problema maior.

Em menor medida, vale notar que o uso de energia também sofre mudanças na situação contrária: quando o carro é muito novo e/ou teve componentes trocados há pouco tempo. Peças que trabalham em contato atingem o funcionamento ideal quando suas geometrias se pareiam, ou seja, quando se adaptam umas às outras, mas isso leva tempo – no jargão do setor, é o tempo para o motor "amaciar". O motorista deve utilizar o carro de forma moderada nesse período e, naturalmente, não esperar prestações normais até que termine.

Quanto à maneira de dirigir, a palavra de ordem é constância. O carro consome mais energia no ambiente urbano do que na estrada porque há mais anda-e-pára, ou seja, o movimento se inicia e interrompe constantemente e cria uma grande necessidade de vencer a inércia própria. Na prática, o consumo fica maior nesses momentos do que no movimento propriamente dito. Sendo assim, uma estratégia interessante para gastar menos é a de antecipar o trânsito, utilizada especialmente por empresas que trabalham com logística.

Idealmente, o motorista deve dirigir devagar para ganhar tempo de planejar seus movimentos e, principalmente, minimizar a quantidade de paradas em semáforos. Nas grandes cidades, é comum ver ruas cujos semáforos são sincronizados para criar ondas verdes: se o carro trafega a uma determinada velocidade fixa, consegue cruzar a rua inteira sem precisar parar. Outra vantagem importante de dirigir dessa maneira é o ganho em segurança para os ocupantes.

Embora este livro seja escrito com foco nos motores de combustão interna, o fato é que seu domínio de mercado está com os dias contados. Os modelos elétricos estão ganhando cada vez mais espaço mesmo em países emergentes e, como este livro comenta em outros capítulos, suas características de funcionamento são diferentes. Em pouco tempo – possivelmente na época do lançamento da próxima edição – este texto deverá ser reformulado por inteiro para adaptar-se novamente aos padrões do mercado automobilístico.

Ergonomia

Quando se fala de conforto em um automóvel, o primeiro pensamento de muita gente vai às cabines enormes, às poltronas no estilo típico de limusines e às longas listas de equipamentos dedicados a mimar os ocupantes. Ao mesmo tempo, carros pequenos e baratos são automaticamente rotulados de forma negativa. Pode-se afirmar que essa linha de pensamento procura o bem-estar. É um objetivo perfeitamente válido, é claro, mas não é conforto propriamente dito. São duas variáveis diferentes e, de certa forma, independentes.

Essa diferença pode ser entendida com algumas comparações. Um sofá extremamente macio, por exemplo, acolhe o usuário muito bem no começo. Porém, em questão de minutos, a pessoa começa a se mexer repetidamente para mudar de posição. Colchões macios demais representam a mesma situação mas por uso prolongado, o qual pode até causar dores graves. Os dois produtos proporcionam bem-estar, ou seja, uma sensação agradável no primeiro momento, mas não conforto; nada que resista ao uso por longos períodos.

No caso dos carros, uma cabine confortável permite aos ocupantes sentir-se bem a todo momento, seja em viagens corriqueiras ou durante viagens mais longas; tudo isso é ainda mais importante para o motorista, pois é preciso que o carro lhe acomode sem prejudicar sua atenção no trânsito. A aplicação mais intuitiva desse raciocínio está nos bancos: devem apoiar tronco, braços e coxas sem tensão e permitir uma posição relaxada para os pés e as pernas. Obviamente, também devem ser adaptáveis a vários pesos e estaturas.

Os fabricantes alcançam tal condição com vários recursos. Um é o uso de ajustes: altura, inclinação e lombar são apenas alguns dos mais comuns. A espuma também pode ser variada, pois sua densidade é diretamente relacionada com a sustentação do corpo; carros esportivos geralmente usam bancos mais firmes porque submetem o corpo a esforços maiores. Por último, o revestimento deve permitir a respiração da pele: como mostram os textos anteriores, os bancos de couro sintético são um pouco problemáticos nesse quesito.

Como se pode imaginar, os carros de luxo dão um passo a mais neste contexto. Os ajustes dos bancos, especialmente os dianteiros, são numerosos e têm acionamento elétrico por botões; as espumas são cuidadosamente planejadas considerando que o dono costuma viajar no banco traseiro; e os revestimentos usam os melhores materiais disponíveis: suaves ao toque e resistentes ao uso cotidiano. Também é comum ver apoio retrátil para os pés e até mesmo massageadores com rolos que se movimentam por dentro do encosto.

O segundo centro de atenções é o painel. A região entre os bancos é chamada console central e tem duas partes. No lado vertical, reúne-se os comandos de climatização, áudio e, mais recentemente, a central de entretenimento. No lado horizontal, estão as alavancas do freio de mão e da transmissão e um porta-objetos. Todos esses são elementos de uso frequente e que ficam em espaços pequenos e limitados pelo tamanho da cabine (comum em carros de entrada) e pelos elementos de design (frequente em modelos esportivos).

Tais comandos, especialmente os do console central, devem ser simples o suficiente para que o motorista consiga operá-los corretamente sem requerir grande concentração. Os fabricantes usam botões com formas e relevos bem definidos, ícones gráficos objetivos e uma iluminação que facilite sua localização à noite sem ofuscar ou distrair. A intenção é sempre tornar o uso mais fácil e intuitivo mas, como o passar dos anos trouxe várias tendências diferentes, as regras para desenhar o console também mudaram diversas vezes.

No texto da central multimídia, este livro comenta que os carros ganharam funções novas e mais controle sobre as existentes, então o console central ganhou mais botões. No começo, esse excesso se resolveu simplesmente levando alguns aos paineis de porta, como o controle dos retrovisores. Mais tarde, os de áudio e telefone foram levados ao volante para favorecer a concentração. Na virada para a década de 2010, o avanço das telas com alta definição sensíveis ao toque permitiram eliminar o controle de físico do que se quisesse.

Embora a ergonomia contemple todos os ocupantes, dá atenção maior ao motorista porque é quem precisa manter a concentração a todo momento e costuma ser quem passa mais tempo no carro. Seu banco deve deixar o corpo relaxado mas em posição que não cause sonolência. O encosto deve apoiar cabeça e tronco de modo a atenuar o impacto em caso de acidente. Volante e pedais, por sua vez, devem ter ajustes de posição para serem perfeitamente alcançáveis por motoristas de qualquer estatura sem deixá-los com tensões.

Quanto às luzes internas, é importante que existam para facilitar a localização de um comando à noite, mas devem ter intensidade e cores que não ofusquem ou confundam. Carros mais modernos investem nisso através do *head-up display* (HUD), que projeta informações básicas de direção no canto parabrisa para poupar o motorista de desviar o olhar. Mais recentemente, o comando por voz está ganhando espaço porque é usado com ainda menos distração.

A posição dos comandos também é importante: não adianta desenhar bem uma alavanca, manivela ou um botão de uso frequente se ficará fora do alcance imediato das mãos. Além disso, é essencial trabalhar com a qualidade de acabamento para regular o esforço físico necessário para acionar um comando: se ele induz o usuário a aplicar força, facilita-se sua quebra quando menos se espera, o que causa grande distração. Quando isso não se pode evitar, o fabricante deve fixar algum adesivo próximo com as instruções de uso.

Naturalmente, a colaboração do usuário também é de importância extrema. O motorista, principalmente, deve se acomodar de forma adequada e, para isso, precisa conhecer os ajustes disponíveis de banco, volante e retrovisores e as configurações de luminosidade dos comandos internos – a tela das centrais de entretenimento, por exemplo, podem ser apagadas quando fora de uso assim como em um smartphone. Além disso, em viagens é comum recomendar que o motorista faça pausas regulares para levantar-se e caminhar.

De acordo com os conceitos vistos aqui, pode-se afirmar que um carro confortável investe mais na ergonomia com que sua cabine foi projetada do que na fartura de equipamentos. Esta última é sempre atraente e impressionante, é claro, mas representa o bem-estar inicial e temporário. Na prática, é possível que carros pequenos e baratos sejam confortáveis assim como que modelos grandes e caros não o sejam. Algumas décadas atrás, a categoria *grand tourer* era focada em oferecer conforto suficiente para se viajar por horas.

1FK 5KE
VIC – STAY ALERT STAY ALIVE

Frenagem

Segundo a física, a frenagem é o oposto do que se costuma chamar de aceleração. No contexto dos carros, consiste em aplicar um sistema de freios, como os que este livro mostra nos textos anteriores, de forma a diminuir sua velocidade ou mesmo zerá-la. O conceito é muito simples mas, infelizmente, sua aplicação prática não. Os carros mais recentes devem cumprir uma série de requisitos de leis e durabilidade que ficam cada vez mais severos. Tudo isso acontece por uma simples razão: preservar a segurança de todos na rua.

Em teoria, qualquer sistema de freios consegue imobilizar qualquer veículo, por mais rudimentar que seja. O problema é que, nos piores casos, a frenagem resulta muito demorada, acontece em um espaço longo na pista, provoca grande desgaste no sistema e ainda faz o veículo parar em uma posição imprevisível. A eficácia dos sistemas de freios não se mostra em simplesmente pará-lo, mas sim na capacidade que dão ao motorista para controlar a frenagem desejada do começo ao fim de acordo com todos esses parâmetros.

Conforme mostra o capítulo dedicado aos componentes mecânicos, o sistema de freios trabalha baseado na fricção. O gesto de pressionar o pedal aciona um mecanismo que pressiona peças sobre outra que gira junto com a roda; a rotação diminui simplesmente porque sua energia é dissipada pela tal fricção. Os sistemas que a indústria utiliza lidam com desgaste intenso e uma grande liberação de calor. Não obstante, como seu trabalho tem relação direta com a segurança do carro, nunca é considerado bom o suficiente.

Entre os parâmetros mencionados, a distância é, provavelmente, o mais intuitivo para entender – é por isso que a análise deste texto começa por ele. O sistema de freios oferece um determinado valor máximo de desaceleração, portanto, quanto maior for a velocidade inicial, maior será a distância necessária para alcançar a nova velocidade desejada. Naturalmente, essa capacidade de desaceleração sofre influência de vários fatores oriundos da aplicação prática, de modo que também é necessário analisá-los com todo o cuidado.

Quando o carro roda sobre lama, neve ou asfalto muito molhado, as frenagens ficam mais difíceis porque há menos aderência entre pneus e piso. Como esta última é o princípio do movimento do carro, tudo o que depende dela fica comprometido. Os freios permanecem fazendo seu trabalho mas ele já não provoca redução de velocidade na mesma medida de antes. A situação se torna ainda pior quando as condições de rodagem permitem que os freios fiquem molhados porque isso constitui mais um motivo de perda de eficiência.

Outro aspecto muito importante é o controle da direção, ou seja, a capacidade que sobra ao motorista para corrigir a trajetória à medida que o carro freia. O comportamento ideal é que isso ocorra em linha reta mas preservando a possibilidade de o motorista fazer curvas leves sem que o carro deixe de frear. Assim, é possível parar o carro ao mesmo tempo que se desvia de algo – pessoas e animais atravessando a rua, em situações mais corriqueiras, ou construções caso o motorista perca o controle do carro por algum motivo.

O capítulo de mecânica já mostra que o pior problema que pode aparecer com relação ao controle do carro é a aquaplanagem. Como ele ocorre entre os pneus e o piso, o motorista simplesmente perde praticamente toda a capacidade de controlar a trajetória; o carro começa a deslizar na pista. Outra situação preocupante é o travamento das rodas, que ocorre quando se provoca desaceleração maior do que as rodas podem cumprir: o motorista só consegue retomar o controle se parar de frear, o que pode ser ainda mais perigoso.

Enquanto a aquaplanagem ocorre principalmente por uma falha dos pneus, o travamento por intensidade é responsabilidade do sistema de freios. O tão famoso ABS resolve isso ao acionar os freios de maneira intermitente e com frequência elevada para que a frenagem ocorra sem travar as rodas em momento algum. Como outras partes do livro mostram, versões mais modernas do sistema incluem a função de emergência, que detectam a pressão exercida no pedal e operam temporariamente com mais intensidade que a normal.

Por melhor que sejam os freios, há outra magnitude da qual não se pode escapar: fadiga, a qual está relacionada com o superaquecimento. Como estes sistemas geram muito calor, requerem um mecanismo capaz de dissipá-lo rapidamente e o têm. Porém, em casos como descidas de serra ou estradas com tráfego pesado, é comum que o motorista acione os freios com frequência. A geração de calor se torna maior do que a dissipação e isso reduz a eficiência do atrito de trabalho. Em casos extremos, o fluido de freio chega a ferver.

O motorista nota esse problema quando o pedal fica "elástico", ou seja, quando observa frenagem fraca mesmo que pressione com força. A melhor forma de evitá-lo é aplicar frenagens curtas e fortes em vez de suaves e longas. No caso do fluido de freio, suas propriedades decaem com o passar do tempo porque ele começa a absorver pequenas quantidades de água. A melhor solução para lidar com ele é respeitar os intervalos de troca no manual do proprietário.

De acordo com o capítulo dos sistemas de freio, a indústria vem desenvolvendo melhorias em duas frentes: uma é física, e consiste em aplicar materiais mais resistentes à fricção e ao calor; e outra é eletrônica, aproveitando os avanços frequentes para conhecer mais do processo de frenagem e adaptá-lo à necessidade. Como se pode imaginar, tudo isso tem um preço: carros esportivos costumam apresentar os melhores sistemas disponíveis por causa da demanda severa, mas eles costumam atingir o preço de um carro compacto.

A imprensa especializada costuma testar a frenagem levando os carros de determinados valores fixos até a imobilidade. Os sistemas modernos seguem vários padrões de construção, portanto é comum que carros de uma mesma categoria de mercado tenham resultados parecidos. Os piores geralmente aparecem nos modelos de entrada porque são os que têm as menores listas de equipamentos; alguns países têm forçado a indústria a elevar o piso desse padrão através das leis, que tornam cada vez mais itens obrigatórios de fábrica.

Embora a indústria sempre procure investir na melhoria dos sistemas de freio, seja para torná-los mais eficazes ou mais acessíveis, o motorista também tem responsabilidades. Na hora da compra, é interessante priorizar modelos com sistemas mais eficazes; ao dirigir, respeitar as leis de trânsito e atentar-se às eventualidades ajuda a prevenir muitos problemas; quanto à manutenção, cuidar do desgaste natural dos componentes e identificar possíveis problemas de funcionamento são a palavra de ordem para preservar os freios.

Handling

Quando se fala em facilidade para fazer curvas, é comum levar o pensamento aos carros de competição. Afinal, eles dobram no limite da pista, trafegam a velocidade alta em boa parte do tempo e fazem manobras com grande cuidado do motorista para não perder estabilidade. Entretanto, a verdade é que as mesmas noções que regem o desenho desses carros também são válidas para os carros cotidianos. A tarefa de torná-los "bons de curva" e os parâmetros com que os fabricantes devem trabalhar são o foco desta parte do capítulo.

Na prática, o carro deve ser projetado de modo que mantenha a estabilidade estando sob os próprios esforços mecânicos e aqueles oriundos do entorno; ele deve preservar o máximo possível da dirigibilidade estando sem carga ou com a carga máxima permitida pelo fabricante e, mais recentemente, permitir que o motorista customize alguns parâmetros de funcionamento para modificar seu comportamento dinâmico segundo o desejo que manifestar no momento.

Uma medição intuitiva para compreender o *handling* é chamada diâmetro de giro: consiste em dar uma volta completa com o volante esterçado ao máximo e medir o espaço que o carro ocupou. Valores menores indicam que manobrá-lo tende a ser mais fácil porque há mais liberdade de movimento. Essa medida aumenta de acordo com a distância entre os eixos e em carros com motor transversal, pois a configuração reduz o ângulo que as rodas dianteiras podem virar. O diâmetro de giro é particularmente útil no momento de estacionar.

O sistema de direção exerce influência neste tema no sentido de melhorar o trabalho do motorista. Ele precisa dar voltas no volante para girar as rodas em poucos graus por medida de segurança: um giro amplo feito de forma brusca e/ou despercebida pode provocar a perda de controle facilmente. As assistências hidráulica, elétrica etc. tornam a operação suave mas, idealmente, sem atenuar a sensação dos movimentos do carro. Como este livro mostra em outro capítulo, a assistência regressiva foi uma grande evolução nesse sentido.

O *handling* do carro também é afetado pela suspensão. Modelos de vocação familiar têm rodar mais macio, ou seja, filtram mais das imperfeições do piso e permitem maior oscilação da carroceria. Esportivos, por sua vez, são mais firmes para dar maior sensação de controle mas repassam o relevo do piso mais fielmente. Antes da intervenção da eletrônica, o primeiro tipo trazia o problema da sensação de insegurança em altas velocidades; o segundo, por sua vez, era desconfortável e acelerava o desgaste das peças mecânicas.

Falar na oscilação da carroceria leva a outro aspecto importante aqui: sua resistência aos esforços mecânicos que tendem a torcê-la, também chamada rigidez torsional. Ela varia com o tipo de carroceria (monobloco ou chassi), o material (aço, alumínio, fibra de carbono etc.) e o estilo (conversíveis torcem mais por não terem teto fixo). A carroceria mais rígida suporta manobras mais intensas e/ou executadas a maior velocidade, portanto permite maior desempenho do carro. No entanto, investir nesse tipo de melhorias a encarece.

Depois de passar pela apresentação dos aspectos construtivos, pode-se apresentar duas medições mais complexas e representativas do *handling* de um carro. O *slalom* consiste em contornar uma sequência de cones de modo a fazer uma trajetória de zigue-zague; deve-se padronizar a velocidade de teste e o espaçamento entre os cones. A situação ideal é que o carro mantenha um comportamento previsível, portanto falha o teste quando derruba cones, causa muita oscilação na carroceria, levanta uma roda ou mesmo capota.

A outra avaliação é a de aceleração lateral. Voltando às leis da física, quando o carro acelera à frente, seus ocupantes se sentem empurrados contra o banco. Já ao frear, os corpos tendem a avançar – vale notar que este segundo movimento só é contido graças ao cinto de segurança. As duas situações são amostras da aceleração longitudinal, que ocorre porque os ocupantes adquirem certo movimento relativo ao carro. A aceleração lateral age de forma parecida mas durante curvas: a tendência é de os ocupantes serem empurrados em direção radial e com sentido externo ao da curva.

Este teste se faz dirigindo o carro em círculos o mais rápido possível sem sair da trajetória. Ao medir o tempo médio das voltas e o diâmetro do círculo feito, uma pequena sequência de cálculos permite conhecer a aceleração lateral. Valores maiores significam que o carro pode fazer curvas em velocidades mais altas sem derrapar. Na prática, o diâmetro do teste é padronizado e a aceleração lateral resultante é expressada como uma porcentagem em relação à gravidade: em carros de aplicação urbana, ela ronda o valor de 0,7 g.

Uma aceleração lateral daquele valor por exemplo, significa que os ocupantes do carro são submetidos a uma força máxima de 70% do peso de cada um com o sentido e a direção já mencionados. Em carros de corrida, os elevados números de desempenho que devem alcançar implicam acelerações laterais também grandes, da ordem de 4 g. Neste caso, a cabine requer um projeto especial porque há a possibilidade de o carro prejudicar a estrutura muscular do piloto.

O *handling* também é influenciado por fatores menos intuitivos. Vento lateral pode vir de condições climáticas adversas ou de eventualidades como sair de um túnel ou ter um caminhão passando na faixa oposta a alta velocidade. Carros mais leves e/ou altos chegam a ser empurrados na direção do vento, então o motorista deve redobrar a atenção para mantê-lo sob controle. Quando se pode antecipar essa situação, é possível mitigar o efeito do vento lateral abrindo as janelas: ele passa através da carroceria em vez de empurrá-la.

Por último, a utilização de adendos como *trailers*. Isso significa rodar com um volume adicional concentrado atrás do carro, vinculado a ele por uma simples articulação, com peso da ordem do próprio carro e com dimensões às vezes até maiores. Os equipamentos de última geração trazem dispositivos para suavizar essa oscilação, os quais acionam os freios do trailer individualmente de acordo com a necessidade. Porém, as palavras de ordem não mudam: dirigir com manobras leves, fixar o trailer corretamente e balancear a carga.

Todos os aspectos mencionados mostram que a forma de extrair o melhor que o carro tem a oferecer quanto ao *handling* é um trabalho conjunto: conhecer as características do carro, entender o comportamento mecânico e fazer uso do máximo possível dos sistemas eletrônicos mais recentes. Quando tudo isso funciona corretamente, a condução de qualquer carro se torna mais previsível e segura e, no caso dos carros de uso urbano, mesmo os de porte pequeno e do segmento de entrada, pode ficar esportiva e até mais divertida.

Índice NVH

O funcionamento de um automóvel se baseia em uma infinidade de interações mecânicas. Há peças batendo umas contra as outras, peças arrastando-se em relação às vizinhas, peças rodando, peças subindo e descendo, girando... Tudo isso sem contar que o princípio de funcionamento dos motores de combustão interna é, literalmente, provocar explosões. Para que os carros funcionem como estamos acostumados a ver, é necessário que todos esses processos ocorram continuamente e sejam repetidos a frequências altíssimas.

Apesar de tamanha atividade gerar toda sorte de barulho e vibração, o que os ocupantes do carro ouvem e sentem de fato é quase nada – é pouco até quando se está fora do carro. A razão é o grande trabalho que a indústria vem fazendo para reduzir a intensidade das perturbações e, sobretudo, transformá-la para que incomode o mínimo possível. O estudo por trás dessas tarefas levou ao índice NVH, que representa as palavras inglesas *Noise*, *Vibration* e *Harshness*; em tradução livre, entendidas como ruído, vibração e aspereza.

Desses itens, o mais intuitivo provavelmente é o ruído: ninguém suporta um carro barulhento. Os entusiastas adoram o som dos motores a combustão, especialmente nos modelos esportivos, mas não chegam a ser uma exceção: mesmo esse som começa a incomodar se os ocupantes o ouvirem muito alto e/ou durante muito tempo.

Também importante é o acabamento. As peças de revestimento podem vibrar com o movimento do carro e bater nas vizinhas continuamente; as tampas de compartimentos podem ranger ao serem usadas, os encaixes podem fazer mais ruído que o esperado... Em casos extremos, até as chaves no contato podem incomodar: desenhos malfeitos permitem que elas batam em superfícies rígidas.

Esses casos podem parecer pífios à primeira vista, mas a questão está no efeito cumulativo. Os ouvidos funcionam de maneira permanente, então recebem a energia de todas aquelas fontes durante todo o tempo em que se está no carro. Isso provoca efeitos que vão desde o simples estresse momentâneo, passam pela diminuição da concentração, e podem chegar até à perda de parte da audição.

A origem mais importante das vibrações é o motor. Por mais que as explosões resultantes da combustão envolvam pouca massa de material cada uma, repetem-se com frequência alta e, com isso, geram efeito geral perceptível. Uma solução antiga, mas eficaz é defasar os cilindros, ou seja, fazê-los trabalhar em etapas diferentes do ciclo a cada momento. Suas vibrações atenuam umas às outras.

Por outra parte, o motor tem muitos componentes que trabalham à base da rotação, então devem manter a forma arredondada. Com a passagem do tempo, o desgaste atua lentamente para torná-las levemente ovaladas. Seu funcionamento se torna irregular, até com a possibilidade de provocar pequenas colisões com as peças próximas, e surge outra fonte de vibrações que só tende a aumentar.

Por fim, a suspensão também tem certa participação. Como este livro mostra nos textos anteriores, esse componente filtra as imperfeições do piso para garantir o conforto na cabine. Ajustes mais firmes, como o dos carros esportivos e fora-de-estrada, simplesmente minimizam esse efeito; esse problema também surge quando se negligencia a manutenção, pois isso acelera o desgaste das peças.

Embora a vibração e o ruído resultante sejam comuns em carros, são comuns até certo ponto. Interações físicas descontroladas entre os componentes começam a causar problemas ao prejudicar o rendimento do carro mas isso evolui rápido. Por se tratar de um efeito repetido a alta frequência, há casos extremos em que os parafusos de fixação se soltam lentamente e outros componentes sofrem fissuras que se propagam até causar uma rachadura. Tudo isso provoca danos de grande monta que podem até conduzir a acidentes.

Como se essa situação não fosse suficiente, há casos em que a vibração alcança a frequência de ressonância com o corpo humano.

Esse fenômeno pode acontecer toda vez que a pessoa interage com fontes de vibração forte, como ao trabalhar com britadeira, e amplifica os efeitos dela sobre o corpo. Pode causar traumas na estrutura ocular, nos músculos e até na coluna vertebral com certa rapidez.

A terceira parte do índice NVH, aspereza, tem ligação com o desenho do motor. Como mostra o capítulo dedicado a ele, os pistões transmitem o movimento alternativo na forma da rotação do virabrequim através da biela. Para uma distância determinada de recorrido vertical do pistão, quanto mais longa for a biela, melhor será o trabalho do conjunto porque o esforço necessário será menor e terá uma componente menor na direção transversal à do pistão. Tudo isso diminui a vibração por inércia e faz o carro rodar mais suavemente.

Como se trata de subprodutos naturais do funcionamento de um motor, especialmente os de combustão interna, seria inútil procurar anular ruído e vibração: o objetivo real dos fabricantes é entendê-los melhor para torná-los menos desagradáveis e danosos. Um recurso comum, por exemplo, é o de defasar as fontes de vibração ou mesmo adicionar outras para que a resultante seja menos intensa e fuja da frequência de ressonância com o corpo. Esse estudo é complexo e deve ser feito para cada modelo de carro de forma individual.

Embora essa análise seja frequente na indústria automobilística, não deixa de requerer tecnologia de ponta e mão-de-obra altamente qualificada; é fácil deduzir que seu custo seja restritivo. A razão real pela qual carros de luxo são considerados tão confortáveis é, justamente, pertencer a uma faixa de preço em que seu fabricante pode investir alto na melhoria de NVH. Suas cabines são planejadas para contemplar uma série de situações adversas e contam, de fato, com recursos para manter-se agradáveis e saudáveis aos ocupantes.

Vale notar que tudo isso condiz com o que este livro comenta no texto relacionado ao conforto: fartura de equipamentos e opulência visual só causam bem-estar momentâneo. O que realmente provoca a sensação de conforto é um projeto cuidadoso, que trabalhe com a vibração e o ruído de formas a torná-los o menos invasivos possível. Esta característica permite que os ocupantes, em especial o motorista, sintam-se bem mesmo após viajar no carro durante horas.

Infelizmente, ruído, vibração e aspereza não são aspectos fáceis de perceber, portanto costumam ser negligenciados pelos trabalhos de publicidade – especialmente quando se trata de um modelo que deixe a desejar neles. Cabe ao interessado, portanto, atentar-se aos três na teoria, através da bibliografia especializada; e na prática, ao fazer um simples *test drive* mais atento. Esse esforço de observação trará benefícios até mesmo quando o carro não estiver em uso.

Porta-malas

O nome já é conhecido: trata-se do compartimento de carros urbanos dedicado à bagagem e, na maioria dos modelos, localizado na parte traseira. Entretanto, antes de falar do compartimento em si, é interessante esclarecer os nomes com os quais indústria e imprensa trabalham. "Porta-malas" é sempre coberto, seja quando é parte da cabine, como nos hatchbacks, ou isolado dela, como nos sedãs; "caçamba" é o espaço aberto que caracteriza as picapes. Já "bagageiro" geralmente se usa para o compartimento auxiliar no teto.

Os primeiros carros sempre traziam porta-malas, pois as picapes foram inventadas mais tarde; muitos também tinham bagageiros na parte traseira. Décadas atrás, sua função era simplesmente aumentar a capacidade de carga em volume e em massa, portanto muitos porta-malas eram simplesmente uma porção da cabine sem bancos e muitos bagageiros eram prateleiras de aço ou madeira fixadas ao exterior da carroceria. Os fabricantes só começaram a dar-lhe atenção de verdade décadas mais tarde, por volta dos anos 1980.

Carregar esse compartimento implica concentrar massa expressiva em uma região do carro proporcionalmente pequena. Uma consequência inicial disso é a necessidade de reforçar a estrutura, mas não somente na região do porta-malas. Essa carga muda a distribuição de peso entre os eixos e isso influencia o comportamento dinâmico do carro. Para não provocar variações bruscas, os fabricantes colocam o porta-malas no extremo oposto ao do motor, que é outro componente pesado; a cabine, naturalmente, fica entre os dois.

Em carros urbanos, a capacidade de carga é relativamente pequena e costuma ter relação direta com o número de ocupantes, de modo que a distribuição de peso mantém o equilíbrio. Porém, como há mais inércia, acelerações e frenagens ficam mais lentas. Em carros menos potentes, deve-se planejar manobras com atenção, em especial as ultrapassagens na estrada, e trocar marchas com maior frequência porque o motor perde elasticidade: sempre será mais difícil levar o carro a uma dada velocidade quando está carregado.

Como este livro mostra nos capítulos anteriores, a transmissão está diretamente relacionada com a disponibilidade de força do carro em qualquer situação. Um carro carregado tem inércia maior para vencer utilizando o mesmo trem-de-força, portanto o motorista deve fazer bom uso das marchas para não fazer o carro trabalhar em um regime severo demais. Naturalmente, transmissões automáticas lhe poupam disso porque detectam a carga maior e ajustam seus parâmetros para que o funcionamento se adapte o máximo possível.

Em hatchbacks e peruas, o porta-malas tem a altura da cabine. É recomendável limitar a carga à altura das janelas para não comprometer a visibilidade do motorista, mas os carros mais modernos contam com o auxílio das câmeras externas: elas mostram sua imagem no console central e atuam nas manobras e na detecção de presenças nos pontos cegos. Quando é necessário carregar à altura total, o que estiver por cima dos bancos deve ser amarrado: em caso de colisão, esses objetos seriam projetados a grande velocidade.

As minivans lançaram uma solução para este problema que, com o passar do tempo, migrou para outros estilos de carroceria: bancos moduláveis. Entre as várias opções disponíveis, é possível rebater cada banco traseiro individualmente, removê-lo ou apenas dobrá-lo em um alçapão para deixar o piso plano – alguns carros vão além e oferecem comando elétrico para tudo isso. Dessa forma, o usuário pode transportar muitas pessoas, muita carga ou qualquer situação intermediária, de acordo com a necessidade de cada momento.

O caso das picapes merece atenção especial graças à sua própria concepção. Um modelo típico tem cabine simples, ou seja, leva duas pessoas e dedica grande espaço à carga; passa a maior parte do tempo com a caçamba carregada e levando apenas o condutor, portanto tem uma grande concentração de massa na parte traseira.

Por se tratar de um desequilíbrio de cargas mais severo, a indústria responde com reforços estruturais, tração e até freios ABS focados no eixo traseiro. Porém, nada disso substitui o cuidado ao dirigir.

O motorista precisa repartir a carga da maneira com a maior uniformidade possível para não prejudicar ainda mais o comportamento dinâmico da picape. Situações como concentrar a carga em uma região pequena da caçamba ou deixá-la muito alta torna as respostas menos previsíveis, de modo que o motorista tem menos controle sobre o carro. A situação fica muito diferente da dos carros urbanos já mencionados e a probabilidade de uma manobra conduzir a um acidente aumenta, ainda mais trafegando a altas velocidades.

Ambos tipos de automóvel oferecem bagageiros de teto para mitigar esse problema, mas é preciso utilizá-lo com cuidado: eles consistem em barras longitudinais e/ou transversais fixas nas quais se amarra a carga desejada. A recomendação é utilizar esse compartimento apenas em último caso por duas razões: peso demais no teto pode comprometer a rigidez estrutural da carroceria e, o que é mais fácil de ocorrer, eleva seu centro de gravidade. Esta última prejudica a estabilidade em movimento, o qual torna a direção perigosa.

Nos últimos anos, os fabricantes têm usado o porta-malas para investir na habitabilidade. É comum ver opções como divisórias adicionais para separar e organizar os volumes e pontos de iluminação cada vez melhores. Porém, alguns modelos dão um passo a mais e oferecem tomada adicional, aspirador de pó e, no caso dos modelos de luxo, kits de acessórios dedicados ao *hobby* que o dono pratica. Todas essas novidades são tentativas de fazer o carro se aproximar do estilo de vida do público-alvo, seja sério, esportivo ou casual.

Outra inovação é que minivans e crossovers investiram no armazenamento interno através dos porta-objetos: eles são cada vez mais numerosos na cabine e aparecem em uma variedade de tamanhos, formas e posições. Alguns são especializados no armazenamento de alimentos, então trazem a função de refrigeração e aquecimento. Já outros são focados em aparelhos eletrônicos, portanto oferecem fontes de energia ou entradas para conectar-se à própria central de entretenimento do carro ou a uma tela voltada ao banco traseiro.

Além da comodidade, essa proliferação de porta-objetos é interessante para estimular os ocupantes a repartir a carga desejada na cabine. De acordo com os parágrafos anteriores, esse é o conselho mais importante que se pode oferecer com relação ao uso de qualquer compartimento destinado a carga. Ter esse cuidado e respeitar o limite total do veículo torna a direção mais previsível e diretamente mais segura, o qual colabora muito para a segurança de todos.

Retomada

Em várias partes deste livro, comenta-se que é preciso atenção na hora de analisar a informação técnica de um carro, divulgada por seu fabricante: o proprietário só pode aproveitá-la na prática se tiver certo nível de conhecimento prévio. Afinal, aqueles números são obtidos em condições específicas e, em alguns casos, correspondem a características que não têm tanta importância no uso diário. Outros, infelizmente, não ganham visibilidade à altura da sua importância. É o caso da retomada, à qual se dedica a presente parte do capítulo.

Para apresentá-la, comecemos pela medição: o carro é levado a uma determinada velocidade e, em seguida, permite-se que ela caia ao valor inferior de teste. O motorista acelera outra vez, mas agora cronometrando até chegar ao valor superior. Ambos são escolhidos de modo a permitir que essa aceleração seja feita sem a necessidade de mudar de marcha: a retomada de 80 a 120 km/h, por exemplo, é feita do começo ao fim na quinta marcha – naturalmente, modelos com transmissão automática não permitem obedecer essa regra.

Esse teste é de aceleração, essencialmente, mas tem aplicação muito diferente daquela que se comenta algumas páginas atrás. Ao passo que aquela se dedica puramente à performance, esta é um indicador da elasticidade do motor; em outras palavras, de sua capacidade de gerar força em uma dada condição de movimento, a qual pode ser representativa do uso urbano ou da direção em estradas. Esse parâmetro é o maior motivo pelo qual a retomada é mais importante no uso prático do que nos testes de aceleração típicos.

No teste, a seleção dos limites de velociade procura usar os pontos extremos da marcha em questão para que o carro vá de rotação baixa a alta. Cumprir esta aceleração em menos tempo não significa necessariamente que o carro tenha mais torque ou potência, senão que distribui seus valores em uma faixa mais ampla do seu funcionamento: na prática, um motor que rendesse bem apenas em rotação alta ou apenas em baixa tornaria o carro desconfortável de dirigir e ainda induziria o usuário a desgastar demais seu trem-de-força.

Em linhas gerais, pode-se interpretar a potência como o produto entre o torque e a rotação do motor. O motor elástico, que cumpre a retomada em pouco tempo, consegue produzir potência desde cedo sem impedir que ela cresça mais adiante. Para isso, oferece torque alto no começo e permite que ele diminua somente em rotação alta. Esse funcionamento depende diretamente do desenho dos componentes do motor e do objetivo que deve ter: esportivos e furgões, por exemplo, têm demandas de desempenho totalmente diferentes.

Este livro mostra em outros capítulos que um motor de combustão interna entrega torque e potência em quantidades variáveis de acordo com a rotação – essa progressão é a origem das chamadas curvas de performance. O torque alcança seu valor máximo em rotações intermediárias porque é quando o motor executa o ciclo de combustão com a maior eficiência: os cilindros se enchem o máximo possível com a mistura ar/combustível e isso faz com que cada ciclo produza toda a energia que a sua configuração geral permite.

O caso da potência é diferente. Rotação mais alta significa que o motor está executando ciclos de combustão com frequência maior. Tal condição dá menos tempo para que cada ciclo aconteça e, com isso, permite que sejam menos eficientes; a potência aumenta porque muitos ciclos pobres rendem mais do que poucos ricos. Mesmo assim, rotações muito elevadas provocam mais perda de eficiência e magnificam o desperdício das várias fontes de atrito: graças a tudo isso, o rendimento volta a cair quando a rotação chega ao limite.

Tudo isso permite entender a diferença de comportamento entre um carro e outro. Para facilitar isso, pode-se usar os dois exemplos mencionados parágrafos atrás: modelos esportivos e de uso comercial. Os primeiros são desenhados para alcançar velocidades altas, portanto é preciso dirigi-los a rotação alta para estar sempre na faixa onde a potência é maior. Já furgões e picapes andam e param com frequência e transportam carga, então devem ficar em rotação baixa para aproveitar o máximo do torque e economizar combustível.

Um motor bem desenhado inicia o movimento do carro com vigor, desenvolve velocidade de forma linear e, no caso de desaceleração, consegue recuperá-la rapidamente. A princípio, ele só gastaria combustível em excesso em casos de mau uso, mas há outros fatores a se considerar na prática: um motor de desenho tradicional costuma apresentar potência e torque disponíveis em uma faixa muito limitada de rotações. Esse é um dos motivos pelos quais a indústria vem investindo nas tecnologias adicionais já comentadas neste livro.

Mais válvulas para aumentar a entrada de combustível, geometria variável para reduzir o atraso do turbocompressor, comando de válvulas variável e injeção estratificada para se escolher entre economia e performance... os propósitos de todas estas inovações passa por deixar a curva de performance "plana", ou seja, oferecer potência e torque elevados em um intervalo de rotação que começa mais cedo e acaba mais tarde – aumentar a elasticidade do motor.

O assunto de elasticidade do motor está diretamente relacionado com a distribuição de potência e torque ao longo do seu intervalo de funcionamento ideal, então pode-se afirmar que é uma característica dos motores de combustão interna. Os elétricos têm construção totalmente diferente e isso lhes cria uma grande diferença: oferecem torque e potência máximos o tempo todo. Isso elimina a necessidade de uma transmissão e torna a aceleração rápida desde o começo. Em outras palavras, o conceito de elasticidade muda por inteiro.

Embora os testes de retomada já sejam representativos das necessidades do uso cotidiano, seu conceito vai além das velocidades e marchas escolhidas. Uma distribuição uniforme de força colabora com a sensação de segurança ao dirigir. Em ultrapassagens ou manobras de emergência, quase sempre há pouco tempo para planejar e efetuar a ação, portanto o risco é grande. É muito importante para o motorista perceber que seu carro dispõe de capacidade suficiente para desenvolver velocidade com a rapidez que seja necessária.

Como se menciona no começo deste texto, o teste de retomada tradicional só vale quando o carro tem transmissão manual porque é possível usar marcha fixa. As automáticas detectam a necessidade de força e auxiliam o motor ao reduzir uma marcha quando a aceleração inicia. Já os CVT procuram manter o motor a rotação constante, então selecionam a faixa mais apropriada para economia ou desempenho de acordo com a necessidade. Isso dificulta a comparação entre carros equipados com esses tipos de transmissão.

Velocidade

Sem sombra de dúvida, essa é a magnitude que mais se associa à performance. Alimenta rodas de conversa, tem prioridade nas memórias dos entusiastas e é um critério comum na formação de listas dos sonhos – anos atrás, também ajudava a escolher quais pôsteres iriam para a parede do quarto. A velocidade máxima que um modelo de carro pode alcançar é uma magnitude inteiramente distante das situações cotidianas do seu uso mas, talvez justamente por isso, é impressionante sob todos os pontos de vista em que é analisada.

Quanto à parte mecânica, esse assunto é interessante não apenas por levar o carro ao limite mas, também, porque envolve todas as suas características construtivas em grau maior ou menor. O motor, por exemplo, tem a ligação mais clara e fácil de compreender: é quem gera a força do carro. Cilindros maiores ou mais numerosos aumentam sua capacidade, portanto o mesmo carro pode alcançar velocidades mais altas. Naturalmente, todas as melhorias já comentadas também influenciam, pois alteram o funcionamento geral.

Passando à transmissão, sua importância vem do escalonamento das marchas. Diz-se que elas são curtas quando têm relação de redução elevada porque o motor chega à rotação máxima (e requer a marcha seguinte) rapidamente, após um pequeno ganho de velocidade. Marchas longas, por sua vez, permitem ganhar mais velocidade cada uma mas deixam a aceleração mais lenta. Como mostra o texto dedicado, a primeira configuração é ideal para carros esportivos ao passo que a segunda se adequa aos de proposta familiar.

Infelizmente, há mais componentes que prejudicam a velocidade do que para ajudá-la. O próprio trem-de-força é um, pois opera com peças em contato e em movimento relativo, de modo que há grande desperdício de energia por atrito e geração de calor e ruído – especialmente nos motores de combustão interna. O investimento nesse sentido só consegue reduzir essa perda, nunca eliminá-la, mas não pode avançar tanto por que enfrenta o custo: materiais e processos produtivos muito caros não geram melhoria grande o suficiente.

Outro problema é a massa do carro tanto pela quantidade absoluta como por sua distribuição na carroceria. Ao levar mais massa, o carro terá aceleração mais lenta e alcançará velocidade menor. No caso da distribuição, o texto do porta-malas mostra que concentrar a carga em uma área pequena e/ou dispô-la longe do centro de gravidade deixa o comportamento dinâmico irregular e, em casos mais severos, prejudica a capacidade de tração. Neste caso, o que reduz é a velocidade máxima que pode ser alcançada com segurança.

A parte externa também tem papel importante. O movimento em qualquer situação real envolve fazer o carro deslocar a massa de ar à frente à medida que avança. A física estuda esse processo na área da aerodinâmica, a qual determina que a resistência do ar só resulta realmente influente a velocidades altas. Em linhas gerais, deve-se analisar a forma da carroceria e dos anexos que possui, como frisos, maçanetas e defletores de ar. Se a geometria de tudo isso for limpa e suave, diz-se que o perfil externo daquele carro é aerodinâmico.

A silhueta dos carros é parecida especialmente na parte dianteira porque as leis da aerodinâmica são universais: aquele formato de cunha penetra a massa de ar com o menor esforço. A partir disso, a passagem do ar se dificulta caso haja relevos e reentrâncias porque eles se opõem ao fluxo e o enfraquecem criando desvios variados. A indústria mede esse efeito com o coeficiente aerodinâmico (Cx): em carros urbanos, ele ronda os 0,4. Modelos de alta performance chegam a 0,3 enquanto os fora-de-estrada ficam em torno de 0,5.

Lidar com a aerodinâmica é uma tarefa ingrata: piorá-la é fácil e melhorá-la é difícil. Automóveis utilitários, por exemplo, são ruins por causa da altura de rodagem, do tamanho da carroceria na transversal (largura e altura) e das formas abrutalhadas. Já os urbanos são prejudicados pela necessidade de oferecer cabine grande com tamanho externo reduzido. Os esportivos são bem mais aerodinâmicos porque são projetados para isso, ou seja, deixam a desejar nos outros quesitos porque a aerodinâmica é uma de suas prioridades.

Sob o ponto de vista do consumidor, o investimento para tornar o carro mais aerodinâmico quase sempre resulta caro demais para os benefícios que isso pode trazer. Não obstante, as pioras podem ser evitadas com facilidade: acessórios protuberantes, levar cargas no teto ou viajar a altas velocidades com as janelas abertas são maneiras certeiras de aumentar o esforço do veículo e, em consequência, prejudicar seu desempenho e gastar mais combustível. A velocidade máxima é o parâmetro que mostra essa perda com mais clareza.

Por último, mas não com menos importância, vale mencionar a aceleração. Qualquer parte do carro que opere com peças desgastadas demais perde eficácia; isso vale para direção, freios, suspensão, pneus, transmissão e, é claro, o motor. Não se observa apenas que as prestações do carro diminuem como a recomendação passa a ser que o motorista o conduza a velocidades mais baixas. Quanto maior o desgaste, mais imprevisível o comportamento dinâmico fica e isso torna a direção a alta velocidade cada vez mais perigosa.

Legislações cada vez mais severas vêm afastando a velocidade máxima do uso cotidiano há muito tempo. Atualmente, ela só pode ser alcançada legalmente em autódromos, que promovem eventos dedicados justamente a dar essa oportunidade aos motoristas urbanos, e a vias públicas muito pontuais, como as *Autobahnen* alemãs. Também há empresas que alugam carros esportivos por um período específico, como uma viagem de fim de semana com trajeto escolhido especificamente para permitir uma condução mais esportiva.

A velocidade máxima é um parâmetro tão distante do cotidiano quando se fala em carros que é até difícil de medir: a imprensa precisa utilizar um autódromo, para não criar problemas com as leis de trânsito, e faz cerca de seis passagens com o carro, sendo metade em um sentido da pista e metade no outro: isso anula as influências do vento e da inclinação do piso. O valor divulgado oficialmente é a média que se calcula após descartar a melhor e a pior passagem.

Vale notar que, ultimamente, essa característica da distância tem criado uma tendência inesperada na indústria: torná-la mais distante ainda. O limite na maioria esmagadora das estradas fica muito abaixo até mesmo da velocidade máxima de um carro popular, portanto alguns fabricantes estão adotando um limite eletrônico em seus carros. Isso diminui a variabilidade do seu comportamento dinâmico, o qual permite desenhar os equipamentos de segurança eletrônicos e mecânicos com maior controle e torná-los ainda mais eficazes.

Decifrando a lista de

Equipamentos

Compreenda um pouco da magia que torna alguns números parte da identidade do carro.

Seja nos comerciais, na Internet ou nas concessionárias, os equipamentos de um carro costumam ser apresentados de uma forma depreciativa. O público é induzido a vê-los como nada mais que meros itens a somar para tornar seu carro melhor e mais interessante mesmo que não saibam o que são e para que cada um realmente serve.

Um problema disso é que muitas pessoas terminam vendo a adição de equipamentos como consumismo; tendem a rejeitar qualquer novidade mesmo que até lhe seja útil. Outro é que alguns vendem muito mais do que outros e isso influencia o mercado: as pessoas deixam o próprio gosto em segundo plano para não "perder dinheiro depois".

Este capítulo seleciona alguns componentes típicos dos carros, seja em geral ou de algumas categorias, e mostra o que são e qual foi a trajetória do seu desenvolvimento até o momento atual. Alguns já ganharam nomes famosos na publicidade, como trio elétrico, central multimídia, pintura metálica, serviço de concièrge e teto solar.

Conhecer melhor o que cada equipamento desses oferece e como ele pode mudar o carro permite ao público compreender mais da oferta dos fabricantes. Fazer escolhas conscientes leva à criação de tendências novas e, com isso, influencia os fabricantes a projetar os lançamentos seguintes com características cada vez mais atraentes.

Conforto

De acordo com o capítulo anterior, só é possível considerar um carro confortável ou não com uma análise a longo prazo. Entretanto, os parâmetros de percepção imediata também têm sua importância: o consumidor merece sentir-se bem com seu carro a todo momento. Os fabricantes não podem descuidar de aspectos cotidianos como a beleza da cabine e o prazer ao dirigir. Tudo isso gerou um conjunto de necessidades que eles simplesmente não poderiam ignorar.

Hoje em dia, um dos critérios mais importantes à hora de avaliar um carro é o bem-estar que proporciona aos ocupantes. Há equipamentos cuja presença muda completamente a experiência ao dirigir mas não chegam ao público com a frequência desejável graças ao preço alto e à desinformação. Enquanto o custo de produção é responsabilidade do fabricante, este livro pode cuidar da outra parte.

A primeira divisão deste capítulo apresenta quatro equipamentos dedicados ao conforto dos ocupantes: ar-condicionado, bancos de couro, trio elétrico e acionamento remoto. Cada componente é visto com uma descrição das suas funções no carro, um resumo da sua concepção técnica e os pontos mais importantes do desenvolvimento que vem sofrendo para zelar cada vez mais por esse conforto.

72°
8:23
California Ave.
106.7 Deep Track
Jeffery Burr
Somewhere Out There
2 mi
ETA:
1 min
FM
MENU
MUTE
DELETE
SEEK
BACK
AUTO
68
68

Ar-condicionado

Assim como o doméstico, este componente vai além de mudar a temperatura da cabine: é capaz de limpar o ar e controlar sua distribuição no espaço e sua umidade. Em resumo, trabalha aspirando ar externo, passando-o por um filtro de impurezas e fazendo-o entrar em contato com o gás refrigerante para adquirir a temperatura desejada através da troca de calor. Apenas depois dessa longa sequência de etapas é que o sistema envia o ar condicionado à cabine.

Seu funcionamento implica naturalmente um aumento no consumo de combustível e uma perda na potência disponível. No começo, esse equipamento custava caro, então só era bem-aceito em modelos de luxo: o acréscimo de preço não lhes significava muito e seus motores costumavam ter capacidade de sobra. O maior responsável pelo aumento da demanda foi o salto em conforto que o ar-condicionado traz em muitas condições mas, com o passar do tempo, descobriu-se que ele também traz outros benefícios muito importantes.

A limpeza constante do ar da cabine favorece a saúde dos ocupantes; sua renovação é importante para não deixá-lo "viciado", ou seja, com pouco oxigênio: quando isso acontece, estimula sonolência; e quando se viaja a altas velocidades, como na estrada, deixar as janelas abertas cria um arrasto aerodinâmico tão grande que faz o carro consumir mais combustível para compensar esse desperdício do que se o fizesse para manter o ar-condicionado funcionando.

Além dos ganhos em eficiência, os sistemas mais recentes têm controle digital da temperatura, que permite um ajuste mais preciso, e divisão por zonas: é possível definir temperaturas diferentes para até quatro ocupantes em paralelo. Isso se consegue ao fazer o sistema dividir a massa de ar para processar as partes de formas diferentes e enviar cada uma à respectiva saída de ar. Variações mais simples desse recurso dividem a cabine em duas zonas (esquerda e direita) ou mesmo três (o banco traseiro se trata por separado).

Alguns modelos foram além e fizeram o ar-condicionado investir no conforto de outra maneira: refrigerando bebidas. O compartimento porta-luvas se encontra ao lado das saídas de ar principais, portanto é possível climatizá-lo simplesmente com o desvio dos condutos. Por dentro do porta-luvas, há uma alavanca que redireciona o ar da saída lateral imediatamente ao seu lado para dentro do próprio compartimento. Como seu volume é pequeno e fica fechado, alcança temperatura até menor que a da cabine em poucos minutos.

Bancos de couro

A indústria já disponibilizou várias opções de tecido para os bancos do carro, sempre com grande variedade de cor e textura, e cada uma melhor do que a outra em termos de facilidade de limpeza e durabilidade. No entanto, o favorito das pessoas é sempre o mesmo há décadas. Bancos de couro têm uma porção fiel do público consumidor há décadas e não se espera que isso mude: o problema é que essa preferência tem implicações que não são mais sustentáveis.

O simples fato de ter origem animal já é problemático de muitas formas. Como se não fosse suficiente, o desenho típico dos bancos causa muito desperdício na hora de recortar o material. Além disso, os bois podem contrair certas doenças que geram manchas em sua pele, de modo que surge mais perdas. Tudo isso conduz a cada vez mais mortes para atender a demanda e um custo cada vez maior do material. Porém, como o público não gostou tanto dos revestimentos à base de tecido, qual seria o melhor substituto para o couro?

Couro sintético já existe há anos, mas suas primeiras amostras tinham qualidade tão inferior que não persuadia nem fabricantes nem consumidores a abandonar o natural. Hoje, após diversas melhorias no processo produtivo, o couro sintético consegue reproduzir a textura e até o aroma do natural. Somando o fato de que ainda é mais barato, por conta do desperdício para produzir o natural, ele tem se tornado opção cada vez mais interessante: há casos de couro sintético que preservaram as características por mais de trinta anos.

O subsequente aumento da sua demanda revelou outras vantagens: o couro sintético é mais fácil de personalizar, o qual é particularmente benéfico para os fabricantes de luxo, e de manter: basicamente, requer um pano úmido para a limpeza. Como sua produção dispensa o abate de animais e não requer o uso de metais pesados que podem contaminar os rios, foi apelidado de "couro ecológico". Em alguns países, o termo "couro" é restrito ao de origem animal.

Passando às desvantagens, o couro sintético não permite a respiração da pele e costuma ser menos resistente à abrasão. O natural, por sua vez, requer hidratação periódica com produto específico e não pode ser exposto a temperatura alta por períodos longos para não criar rachaduras. Na prática, os fabricantes têm usado uma mistura deles: natural nas regiões que o corpo toca diretamente e por mas tempo, como assento e encosto dos bancos, e sintético nas demais, como os apoios de braço e os paineis internos das portas.

Trio elétrico

Pode-se afirmar que comandos elétricos em geral foram um dos primeiros avanços da indústria automobilística voltados ao conforto. Afinal, consistem em adicionar motores elétricos e todo um caminho de cabos não para adicionar funções novas, mas sim para permitir que as existentes sejam operadas de maneira mais cômoda. O tão falado "trio elétrico" é a aplicação disso em janelas, travas e retrovisores, a qual virou presença obrigatória em cada vez mais carros.

Antigamente, abrir e fechar as janelas demandava acionar uma manivela no painel de cada porta. Além do esforço físico, isso facilita que os ocupantes molhem os braços quando a chuva começa e lhes obriga a dar a volta no carro após estacioná-lo para fechar todas.

O acionamento elétrico se faz com botões de dois lados, um para abrir e outro para fechar. Sistemas mais recentes contam com a função um-toque para evitar pressionar o botão por toda a trajetória e a antiesmagamento, que cessa o movimento caso haja oposição.

As travas vieram como um pino em cada porta que era pressionado para travar. O comando elétrico criou a conveniência de acionar todos a partir do pino do motorista e, mais tarde, da chave. Outra novidade foi o travamento automático a partir de certa velocidade.

Este equipamento também foi beneficiado por conta do alarme. O uso de sensores permitiu identificar melhor casos de entrada forçada e os que não o são para evitar disparos desnecessários. Em alguns carros, o alarme se conecta ao sistema de rastreamento.

Os primeiros retrovisores se ajustavam tocando diretamente no vidro ou na carcaça; mais tarde, isso foi passado a um pino do lado de dentro das portas. Embora o ajuste fosse contínuo, deixava marcas dos dedos e requeria um movimento incômodo do motorista.

Mais uma vez vieram botões, mas agora concentrados no painel da porta do motorista para os dois lados. Com o passar do tempo, a parte elétrica também trouxe o desembaçador do vidro e o alerta de presença em ponto cego, geralmente feito acendendo um LED.

Os carros modernos têm cada vez mais comandos elétricos. Já é possível ajustar a posição dos bancos e rebatê-los, abrir e fechar a tampa traseira e várias outras funções. Além disso, o acionamento elétrico é a base das tarefas remotas mostradas no texto seguinte. Os comandos elétricos não são um item de destaque nas propagandas, mas o fato é que são a base do conforto dos carros atuais.

Controle remoto

Aqui, considera-se todos os sistemas do carro que executam tarefas a distância, ou seja, sem contato físico com o motorista. Nesse contexto, a primeira a mencionar já apareceu no texto anterior: travas operadas pela chave. O motorista pode trancar ou liberar qualquer porta (incluindo a traseira) e o teto solar remotamente somente com os botões da chave. Como cada carro e chave saem de fábrica com uma codificação própria, não há risco de acionar outros carros próximos por acidente mesmo que sejam do mesmo modelo.

Embora a comodidade sempre seja um argumento forte, a razão real do sucesso do travamento remoto foi a segurança: ele fica mais rápido e discreto. Com esse mesmo propósito, os fabricantes foram além e criaram o destravamento isolado da porta do motorista e da tampa traseira para o caso de necessidade e o fechamento automático de todas as janelas ao travar o carro. Em alguns carros, também é possível abrir a tampa traseira apenas ao mover um pé abaixo do parachoque traseiro – útil quando as duas mãos estão ocupadas.

Um avanço importante do controle remoto é a sensibilidade presencial. O carro detecta a presença da chave quando está por perto, portanto o dono só precisa tê-la no bolso. Neste caso, basta tocar a maçaneta do motorista ou a traseira para abri-la e até mesmo dar a partida no motor. Carros mais novos também memorizam algumas configurações, como temperatura do ar-condicionado e estação do rádio, para voltar aos últimos ajustes quando o motorista retorna.

A difusão da Internet permitiu dar outro passo: alguns carros já têm conexão com aplicativos de smartphone. O fabricante define um grupo de funções que podem ser acessadas por ele, como consultar a pressão dos pneus e o nível do tanque ou receber sua localização exata. Em situações assim, a reação do carro costuma ser feita sem qualquer alerta sonoro ou visual (como acender alguma luz interna) para não chamar atenção de quem possa estar perto do carro.

Como mostram os parágrafos anteriores, o acionamento remoto integra muitos sistemas do carro. Isso faz com que, quando o fabricante o oferece, procure estendê-lo à maior quantidade de sistemas possível, geralmente sem opções, para justificar o custo extra. Uma grande vantagem disso é elevar o nível médio de equipamentos de conveniência nos carros: sistemas que eram restritos aos carros de luxo até os anos 2000 agora estão presentes também em modelos de cada vez mais segmentos, até mesmo os de uso comercial.

Estilo de vida

Automóveis fazem parte cada vez maior do nosso cotidiano. Podem ser usados para trabalho e lazer, estão mais acessíveis do que nunca e seus fabricantes vêm usando as redes sociais para se aproximar do público mesmo que não haja intenção de compra naquele momento. Levando isso em conta, é fácil compreender por que nosso bem-estar vem se tornando uma prioridade nessa indústria.

Central multimídia, serviço de concièrge, sistema de áudio e teto solar são completamente desnecessários para a função de levar os usuários de um lugar a outro. No entanto, tornam essa tarefa agradável e prazerosa mesmo sendo repetida diariamente. O maior motivo disso é que eles apelam a necessidades abstratas como manter contato com pessoas queridas, sentir-se amparado em caso de problema e desfrutar dos prazeres da música e do ambiente externo.

Equipamentos como os quatro acima colaboram para o bem-estar porque aproximam o carro da realidade dos seus usuários; adaptam-no um pouco mais ao que eles desejam não somente quanto a transporte. Fabricantes que investem nisso incentivam seus clientes a criar uma conexão pessoal com seus carros. Quando isso ocorre, as vendas sobem porque os carros se tornam objetos de desejo.

Multimídia

Como foi mostrado neste livro, a primeira geração do computador de bordo foi lançada nos anos 1980 com o nome de "check-control". Nasceu como um sistema de alerta feito apenas por LEDs e foi ganhando mais funções. Quando adotou a tela digital, foi comumente chamado computador de bordo e passou a avançar no sentido da conectividade. Hoje, o equipamento chamado central de entretenimento ou central multimídia virou um símbolo do carro moderno.

Na época do check-control, fez-se um avanço principalmente no campo da segurança. O sistema passou a monitorar algumas informações do funcionamento do carro para alertar o motorista em caso de problema. O primeiro ganho efetivo em conveniência veio com o computador de bordo, pois a disponibilidade de informações incluiu data, hora e hodômetro e permitiu reduzir a quantidade de LEDs no painel. Isso deu um visual mais limpo ao quadro de instrumentos e evitou o excesso de luzes brilhando juntas à vista do motorista.

Mais tarde, as telas LCD pixeladas permitiram exibir informações muito mais variadas. A indústria conectou o sistema à função de áudio para ler mídia provista pelo motorista, à função de telefone para fazer ligações sem tirar as mãos do volante e, mais tarde, à função de GPS para que o motorista configure o destino desejado e receba orientações do caminho. À medida que as telas evoluíram em tamanho e resolução, puderam executar essas tarefas ainda melhor.

A conexão com a Internet abriu caminho para levar esses sistemas até o que são hoje, mas não foi a única responsável. Nos anos 2010, esse desenvolvimento ocorreu em paralelo com a proliferação dos smartphones, então os fabricantes procuraram focar também na interface: pouco a pouco, as centrais multimídia adotaram estrutura gráfica com menus e ícones similares, o qual facilitou muito a navegação. Naturalmente, essa mudança se tornou cada vez mais útil à medida que os sistemas acumularam ainda mais capacidades.

Hoje em dia, esses sistemas alcançaram tal nível de integração com os demais que viraram parte do cotidiano quase como o celular ou o tablet. Eles têm até funções oriundas dos próprios desenvolvedores desses aparelhos, tudo para tornar a operação o mais intuitiva possível. As centrais multimídia modernas concentram praticamente todas as configurações disponíveis no carro e já estão se abrindo a outras, pois podem interagir com cada vez mais aplicativos oriundos do celular. São, definitivamente, um símbolo do carro moderno.

Concièrge

Os primeiros exemplos de serviço de assistência prestado pelos fabricantes aos consumidores eram limitados à necessidade. As oficinas autorizadas eram acionadas somente na hora de fazer revisão periódica ou para o reparo de algum problema. Serviços adicionais, como guincho, ficavam por conta do próprio dono ou do seguro. Tal situação começou a mudar com a ascensão dos clubes de automóveis: associações independentes de fabricante que prestam esses serviços em pontos próprios mediante pagamento de uma taxa.

Essa mudança atraiu a atenção dos fabricantes por dois grandes motivos. Um é o simples potencial de lucrar mais: o fluxo de consumidores em suas oficinas aumenta e, ao mesmo tempo, a capacidade ociosa diminui; oferecer mais produtos faz o público gastar mais no mesmo lugar. O outro é a oportunidade de fidelizar o cliente, afinal as oficina do próprio fabricante têm infraestrutura e preparo técnico superiores e ainda permite conservar a garantia de fábrica.

Com o passar do tempo, os fabricantes notaram a importância de cativar o cliente também no pós-venda. Um serviço de assistência eficaz, rápido e com atendimento cortês provoca impressões positivas e ainda persuade o cliente a considerar o mesmo fabricante na hora de trocar de carro. De acordo com o problema e a localização do cliente, o serviço pode enviar um mecânico, rebocar o carro para levar a uma oficina, transportar os ocupantes ao endereço desejado e até providenciar um carro-reserva durante o período do reparo.

Outra novidade muito conveniente é o rastreamento. O carro ganha um dispositivo que fornece ao fabricante sua localização a tempo real e o fabricante disponibiliza um setor responsável por prestar auxílio em situações de emergência como pane mecânica ou roubo. Além de ser uma fonte de ajuda a mais, esse serviço também traz o benefício de incentivar as seguradoras a diminuir o preço da apólice porque os carros desse fabricante se consideram mais seguros.

Os serviços de concièrge mais recentes evoluíram a uma estrutura com níveis de atendimento oferecidos mediante taxa mensal. O nível mais completo chega a oferecer diagnóstico remoto caso haja algum problema, comandos básicos realizados por voz, auxílio com os períodos para a manutenção, acesso a diversas funções do carro através de um aplicativo dedicado e até a possibilidade de fazer reservas e fazer compras a partir da central multimídia – com direito a solicitar que a entrega seja realizada no carro em alguns casos.

Áudio

Sistemas de som em geral evoluíram ao longo dos anos não só em qualidade de som, mas também em conectividade. No caso específico dos equipamentos automotivos, os fabricantes procuraram acompanhar os desejos dos consumidores e interagir cada vez mais com eles. Isso é o que levou este equipamento do funcionamento instável e limitado dos carros dos anos 1960 até o verdadeiro efeito de auditório que as versões mais recentes conseguem produzir.

No começo, pode-se afirmar que as pessoas eram até desencorajadas de ouvir música no carro. As redes de transmissão de rádio eram pequenas e esparsas, então qualquer viagem mais longa ficava prejudicada pela má recepção. Os primeiros aparelhos tocavam fitas cassete e alguns traziam até espaço para armazenamento no porta-malas, mas a reprodução sofria com o barulho do motor, pois o isolamento acústico ainda era fraco, e com a trepidação ao trafegar pelas ruas não pavimentadas, que eram comuns décadas atrás.

O sistema de som automotivo realmente caiu no gosto do público nos anos 1980 não somente pelo começo do uso do CD como também pelo auxílio da eletrônica: equipamentos mais sofisticados traziam as primeiras telas em LEDs para exibir informações básicas e até equalizador digital. A qualidade de reprodução melhorou muito e fez o mesmo com a aceitação do público, mas pôs um problema em evidência: por ser um equipamento de alto custo e instalado no carro após sua fabricação, era relativamente fácil de ser roubado.

Os avanços promovidos a partir da década de 2000 foram benéficos para os carros de duas maneiras. Uma é direta, pois ganharam a leitura de mídia própria como pen drives e, com isso, ajudaram as pessoas a dispor de mais música no carro sem a inconveniência de armazenar muitos CDs. Outra é indireta: os sistemas mais recentes são cada vez mais integrados ao painel do carro por conta dos seus requisitos técnicos e visuais, então ficam impossíveis de roubar.

Hoje, as centrais multimídia têm conexão com o celular do usuário e seus serviços de streaming, de maneira que até o problema da instabilidade com trepidações foi atenuado. Os fabricantes do mercado de luxo vão além e estabelecem parcerias com fabricantes de sistemas de som para planejar a cabine do carro em conjunto. Isso a torna mais silenciosa do que nunca e maximiza a qualidade do som, pois cada modelo recebe um sistema exclusivo. Em alguns casos, o sistema chega a ter vinte saídas espalhadas pelo ambiente todo.

Teto solar

O capítulo dos tipos de carroceria antecipa que o teto solar nasceu, basicamente, do desejo de juntar o senso de liberdade e diversão ao dirigir com a praticidade de modelos voltados ao uso familiar como hatchbacks e minivans. Em poucas palavras, ele consiste em fazer uma abertura no teto de qualquer carro (que não seja conversível, é claro) e instalar um mecanismo de cobertura removível. Teto solar como o conhecemos hoje surgiu no começo do século XX.

Os primeiros exemplares usavam cobertura de lona com acionamento manual: ela deslizava por trilhos e podia ficar enrolada atrás dos assentos ou removida por inteiro. Eram sistemas simples e baratos, mas a tecnologia rudimentar da época implicava vedação pobre: havia grande entrada de água e poeira em dias de chuva e/ou ao trafegar por caminhos de terra. Além disso, os fabricantes ainda estavam no processo de compreender as necessidades de reforço estrutural exclusivas de carros que não contam com teto rígido.

O teto solar começou a ganhar seu espaço na década de 1970 por ser uma solução intermediária em vários sentidos: apenas uma parte do teto é aberta, então grande parte da estrutura é preservada e as operações necessárias são mais simples e baratas. Na prática, toda a mudança fica restrita ao teto, sem afetar as laterais da carroceria. Os primeiros exemplares tinham acionamento manual mas já podiam ser de tecido ou rígidos: a cobertura aberta fica dobrada na parte traseira ou é apenas removida e guardada em outro lugar.

Mais tarde, o comando elétrico apareceu em prol da conveniência: permitiu operar o teto solar com o toque de um botão. Nos anos 1990, ele estava se tornando mais comum e a demanda motivou os fabricantes a investir mais na solução de alguns problemas típicos: o teto rígido de vidro ganhou proteção contra os raios UV, o comando elétrico foi associado ao fechamento das janelas na hora de travar o carro e o teto rígido foi desenhado para não prejudicar tanto o espaço para a cabeça dos ocupantes traseiros quando está aberto.

É claro que tantas evoluções têm seus custos. Como o teto solar ainda é caro para alguns carros, os fabricantes estão apostando no teto panorâmico como uma alternativa mais barata. Trata-se de uma região do teto com cobertura fixa de vidro, geralmente adjacente ao parabrisa para aumentar a sensação de amplitude. Ele costuma ser mais extenso que o teto solar mas preserva características como a proteção contra excesso de luz e a opção de fechar por dentro.

Estilo

Em maior ou menor grau, nós procuramos beleza em tudo. Nas roupas que vestimos, nos lugares que visitamos, nas pessoas que conhecemos... Não seria correto colocar beleza acima de tudo, mas essa busca que fazemos é perfeitamente compreensível: o que consideramos belo apraz, provoca sentimentos positivos. Como os carros se tornaram uma parte fundamental da sociedade moderna, não é de surpreender que nós também busquemos a beleza neles.

O lançamento de um carro tem custo alto e não é fácil de mudar caso fosse preciso. Seu fabricante precisa de qualquer recurso que possa aumentar as chances de ele obter o êxito de vendas desejado e um muito importante é a identificação de tendências. Mais especificamente, identificar tendências que o público segue e extrapolá-las para tentar compreender quais ele seguirá nos próximos anos.

A última divisão deste capítulo se dedica a algumas das tendências de estilo mais firmes do mundo automobilístico. Acessórios, cores, detalhes da carroceria e rodas se tornaram pequenas convenções, ou seja, maneiras seguras de se expressar uma determinada mensagem quando aplicados corretamente. São um caminho muito comum para o fabricante construir de fato a imagem desejada.

Acessórios

Uma consequência da difusão do automóvel nas sociedades é o desejo de personalizá-lo. Até a década de 1960, a oferta de marcas e modelos era pequena, portanto os donos procuravam modificar a aparência para ter um carro "único". Os jovens, principalmente, tornaram-se usuários fieis dos acessórios, nome dado às peças instaladas no carro já comprado. À medida que essa tendência cresceu, os fabricantes decidiram investir nela também. Hoje, a variedade de opções para personalizar um modelo de carro tende ao infinito.

Quem tem orçamento modesto costuma ficar nos acessórios de aparência: adesivos externos, rack de teto ou rodas diferentes. Fãs mais dedicados procuram trocar os bancos, melhorar a aerodinâmica e modificar o motor. Já os mais abastados recorrem ao tão famoso *tuning*, prática que alcança outro nível: as oficinas especializadas praticamente reprojetam o carro para executar as mudanças visuais e mecânicas de acordo com os desejos manifestados pelo cliente.

Como se trata de modificar o carro, a instalação dos acessórios requer atenção: quanto mais complexas forem as mudanças aplicadas, mais cuidado é necessário para evitar problemas. Instalações malfeitas podem provocar piora no desempenho, aumento da emissão de poluentes e do consumo de combustível, ruído excessivo e, em casos mais extremos, prejuízo à segurança dos ocupantes. Por causa disso, o consumidor tem que escolher entre custo elevado ou arriscar-se com as instalações de nível de qualidade duvidoso.

Outro grande problema é o fato de que a instalação dos acessórios é muito baseada no gosto pessoal. Mudanças muito profundas costumam trazer problemas na hora da revenda porque é difícil que o comprador seguinte tenha preferências similares, o qual se soma ao problema do custo alto inicial. Ao longo das últimas décadas, tal situação transformou o uso dos acessórios em uma fonte de desvalorização que desmotiva os consumidores mais conservadores.

Se nos anos 1970 e 1980 havia uma grande variedade de fabricantes de acessórios, a situação hoje é diferente. Os próprios fabricantes dos carros começaram a oferecer uma linha extensa junto do lançamento do próprio modelo, de maneira que o consumidor ganha uma opção com o mesmo nível de qualidade, mais facilidade para o pagamento e, em muitos casos, garantia de fábrica preservada. As modificações mais complexas continuam sob responsabilidade das preparadoras de tuning, que têm se especializado cada vez mais.

Polo

Pintura

A princípio, podemos pensar que evolução neste quesito se faz oferecendo mais cores. Por mais que isso seja possível, não atrai a atenção dos fabricantes porque, na verdade, não atrai a atenção do público: para todo tipo de carro há cores que agradam pouca gente, portanto a revenda se torna difícil e o carro perde valor. Por isso, as melhorias que a indústria vem aplicando no setor de pintura são focadas nas tecnologias de produção e de aplicação na carroceria.

Em linhas gerais, o composto químico deve preservar a nuance original o máximo possível, o que significa resistir à passagem dos anos, à ação do tempo e às eventualidades do trânsito – apesar de que o cuidado do dono também é de grande importância. Quanto à aplicação, os compostos atuais têm várias camadas, cada uma com uma função diferente, e são aplicados com a técnica de imersão: ao mergulhar cada peça por inteiro, a tinta consegue penetrar em todas as regiões com a mesma intensidade, o que melhora o resultado.

Costuma-se dividir a paleta de cores em três grandes grupos: as sólidas, com tons comuns e acabamento simples; as metálicas, com mais opções e textura mais elaborada; e as perolizadas, geralmente com poucos tons e um brilho que muda com a incidência da luz. Na prática, os fabricantes oferecem algumas cores sólidas de cortesia e cobram a mais somente pelos outros tipos. Em carros com proposta esportiva, é comum oferecer opções de pintura em dois tons, geralmente incluindo preto ou vermelho apenas em alguns detalhes.

Nos últimos anos, este trabalho ganhou uma dimensão nova no mercado de luxo. Vários fabricantes criaram divisões voltadas à personalização para permitir ao dono configurar o carro de forma cada vez mais fiel às suas vontades. Uma dessas opções é customizar a pintura: pode-se escolher a cor exata em um espectro contínuo, sua textura e, dependendo do fabricante, até mesmo pedi-la em padrões como vários tons juntos, gradientes, listras ou com desenhos.

Hoje em dia, as cores são amplamente aproveitadas pelas estratégias de marketing. As mais chamativas são utilizadas em carros esportivos porque dão ar lúdico e jovial. Já tons sóbrios como bege, marrom e verde são associadas aos modelos fora-de-estrada. Além disso, é comum que cores mais exóticas sejam aplicadas no lançamento de um carro novo como forma de chamar atenção. Em alguns casos, essa cor de lançamento vira uma opção regular da linha. Em outros, ela é removida do catálogo depois de poucas semanas.

CAPTUR
W·571·KA

Detalhes

Até a década de 1950, o requinte de um carro era indicado pela quantidade de acessórios cromados que usava. Bagageiro de teto, frisos, maçanetas, parachoques... esse acabamento era aplicado a tudo o que fosse possível. Como se pode imaginar, esse uso excessivo banalizou o uso dos cromados ao longo dos anos, de modo que a indústria começou a desenvolver outras soluções. As mais populares são pintura na cor da carroceria e apliques em plástico preto.

Hoje, o acabamento cromado continua sendo sinônimo de luxo, mas de forma diferente: está restrito a detalhes, como alguns frisos, e sempre em regiões pequenas; hoje em dia, alguns fabricantes utilizam o cromado fosco em regiões mais extensas. Na cabine, havia o costume de usar esse acabamento nas maçanetas para facilitar sua localização à noite, mas está caindo em desuso: como reflete a luz solar, o cromado pode ofuscar o motorista e atrapalhar sua visão.

No caso do acabamento na cor da carroceria, a maior vantagem é a discrição. Os detalhes pintados ficam visualmente integrados ao resto do carro, então não chamam atenção de forma separada. Isso é muito útil quando o estilo externo do carro é dominado por outros componentes, como um adesivo grande ou simplesmente um forte jogo de luz e sombra entre os próprios vincos da carroceria. A pintura na mesma cor da carroceria tem a característica de ser comum tanto em alguns carros de luxo como nos modelos generalistas.

Já o plástico preto, sem pintura, começou sua trajetória no mundo automobilístico com uma imagem de simplicidade. Até a década de 1990, ele era usado pelos carros de entrada até mesmo nos parachoques, o qual chama atenção pela discrepância visual. Hoje em dia, este acabamento foi ressignificado pelos carros fora-de-estrada, pois o plástico sem pintura é mais resistente ao uso severo do que a pintura na cor da carroceria. Também há carros que o usam apenas para provocar contraste visual entre o preto e a cor da carroceria.

Estas são as ferramentas com as quais a maioria dos fabricantes decora seus carros. Hoje em dia, há uma convenção implícita sobre o papel de cada uma no estilo externo, de modo que respeitá-la cria grandes chances de um carro novo prosperar no mercado. Os fabricantes só se aventuram a projetar novas soluções de acabamento quando elas serão o centro das atenções. Um exemplo recente são os Airbumps da Citroën: pequenas bolsas de ar na parte inferior da carroceria capazes de resistir aos impactos do uso no dia-a-dia.

Rodas

Os primeiros automóveis usavam rodas de madeira porque eram acessíveis e resistentes o suficiente para a necessidade da época. À medida que eles ficaram mais rápidos e pesados, as exigências que as rodas deveriam cumprir aumentaram e os fabricantes precisaram reinventá-las. A passagem dos anos as transformou de um simples componente estrutural em uma parte inclusive do estilo externo. As rodas modernas são planejadas minuciosamente quanto a tamanho, materiais e desenho para oferecer as prestações necessárias.

Rodas de ferro são a opção mais barata. Seu método de produção prioriza a larga escala às custas de limitações no estilo: elas são conhecidas por serem pouco atraentes e, por isso, costumam ser limitadas aos carros de entrada. Alguns fabricantes mitigam isso com desenhos mais elaborados ou, principalmente, a adição de calotas: peças de plástico com estilo encaixadas por cima das rodas de ferro para cobri-las. Há calotas que cobrem apenas o centro das rodas e as chamadas integrais, que têm o diâmetro das rodas de ferro.

As rodas de liga leve têm esse nome apenas para diferenciar-se das anteriores; são feitas de ligas metálicas geralmente com alumínio, magnésio ou titânio. Moldar esses materiais traz custos maiores mas também mais facilidade: é possível produzi-las com muito mais liberdade de desenhos, cores e tamanhos. Este tipo de rodas ficou muito comum em vários tipos de carro, cada um com um tipo de liga leve mais apropriado às necessidades de peso e desempenho.

Como se pode imaginar, o sistema de fixação é tão importante quanto a própria roda. Elas são feitas para girar a alta velocidade e suportar os esforços oriundos do movimento, portanto soltar-se em movimento pode causar acidentes graves. Além disso, é necessário oferecer proteção contra roubos: rodas de liga leve ainda são produtos de preço elevado e as calotas, por sua vez, costumam estar menos protegidas porque não têm função estrutural. Na prática, os dois tipos de rodas acabam se tornando alvos muito comuns.

Tanto as rodas de liga leve quanto as de ferro são submetidas a testes extensivos de intensidade e tempo de uso, mas é importante ressaltar que sua resistência depende da integridade: há maneiras de se consertar uma roda, mas não são recomendáveis como solução permanente porque nunca recuperam as propriedades originais. Como as rodas de liga leve estão ficando cada vez mais acessíveis, mesmo para carros populares, recomenda-se trocá-las sempre.

O ponto de vista do *Fabricante*

Compreendê-lo não significa bancar o advogado do diabo.

Um ponto que entristece a maioria dos fãs de carro são os preços praticados. Vê-los ficar mais caros uma, duas ou mesmo três vezes no ano é doloroso; mais ainda para pessoas cujo poder aquisitivo não aumenta com a mesma rapidez. Contudo, é preciso pesquisar e entender bem a situação antes de começar-se a apontar quem é culpado.

O governo cobra impostos para, ao menos em teoria, reinvesti-los nos interesses do país. O combustível fica mais caro porque está atrelado aos movimentos do mercado mundial. O fabricante precisa manter certo nível de preços para se manter e custear seus próximos lançamentos. Já os clientes precisam que o carro fique mais barato.

Analisar as decisões do governo ou a flutuação do mercado foge do alcance deste livro. Já o comportamento dos fabricantes pode ser comentado porque, obviamente, exerce grande influência sobre como sua linha de modelos é oferecida em um país. Após tantos capítulos falando dos carros, é interessante conhecer também quem o faz.

Os textos a seguir mostram variáveis muito requisitadas na tomada de decisões de um fabricante moderno e usam exemplos reais para tornar a explicação mais palpável. No entanto, seu foco principal é ser um ponto de partida: criar nos leitores a consciência do trabalho que o fabricante precisa fazer para entender algumas das suas decisões.

OCTAVIA COMBI
OCTAVIA COMBI iV
OCTAVIA RS iV

Alcance

Em um mercado que se torna mais competitivo a cada dia, a indústria encontra dificuldades crescentes para sobreviver. O trabalho multinacional pode ser uma ferramenta muito útil para a sua sobrevivência desde que se entenda como funciona: tem potencial grande para lucros mas requer esforço igualmente grande para ser colocada em prática. A empresa multinacional não só ganha mais clientes como também torna seu trabalho um pouco mais seguro, pois passa a investir seu capital em vários lugares em vez de concentrá-lo.

Na hora de expandir as operações para uma nova região, problemas como falta de infraestrutura de venda e manutenção podem ser resolvidos principalmente investindo o capital necessário; o problema realmente complexo é o que fazer. A empresa precisa estudar a linha de produtos que tem hoje, os concorrentes diretos no mercado almejado e o perfil do público-alvo nessa região. Assim, ela poderá traçar a melhor estratégia para começar a oferecer seus produtos e lidar com uma concorrência que já possui experiência na região.

Uma parte dessa estratégia é decidir entre oferecer carros regionais ou globais; em outras palavras, investir em projetos específicos para a nova região ou aproveitar os que já são usados nas demais regiões. As décadas de experiência que a indústria tem acumulado mostram que ambas têm vantagens e desvantagens marcantes, então é possível prosperar ou fracassar com qualquer uma. Este texto começa mostrando o que leva o fabricante a escolher cada uma.

A minivan Buick GL8 é vendida principalmente na China ao passo que o hatchback Seat Ibiza é enfocado na Europa e o sedã Fiat Cronos se concentra na América Latina. Carros regionais são projetados diretamente para um país ou, no máximo, um pequeno grupo de vizinhos. Ao isolar uma parte do mercado dessa maneira, o fabricante consegue especializar-se nela e prestar mais atenção às preferências únicas que o público daquela região possa ter quanto a tamanho, design, equipamentos e à sua proposta como um todo.

O lado ruim é que os projetos regionais podem ser muito criticados fora do lugar de destino. Carros norteamericanos são grandes demais para a Europa, o estilo dos indianos não agrada na América Latina e assim sucessivamente. O foco dessa estratégia é satisfazer a região de destino o máximo possível, então os fabricantes podem investir em nichos de mercado para chegar mais perto do que o público local realmente deseja. É uma maneira de o fabricante mostrar que está realmente comprometido com aquela nova empreitada.

Se os resultados forem positivos, a nova região ganha mais importância para o fabricante. A operação local deixa de apenas fabricar projetos da matriz e começa a criar os seus; em algumas situações, a nova região chega até a se encarregar de carros que serão vendidos também em outras regiões. O país de destino se beneficia com o investimento do fabricante e a demanda de mão-de-obra qualificada, mas o fabricante deve cuidar para que as operações locais preservem o nível de qualidade geral determinado pela matriz.

O outro tipo de projeto é o global: concebido desde o início com a intenção de ser comercializado em vários países com o mínimo de mudanças possível. Essa variação ganhou notoriedade na década de 1980 e pode ser exemplificada hoje com o compacto Ford Focus, o *roadster* Mercedes-Benz SL e o SUV Land Rover Discovery e sua razão de existir é simples: vender um mesmo carro para mais gente. O fabricante pode repartir sua produção entre várias fábricas e cortar custos porque desenvolve só um projeto para cada categoria.

No começo, a recepção foi muito boa. A melhor solução para que o carro atenda ao padrão de vários países é ter qualidade acima da média, o qual costuma torná-los mais sofisticados que os carros de projeto regional. Além disso, o fabricante ganha tempo tanto na hora de desenvolver um carro novo como quando o leva aos países onde pretende oferecê-lo. Entretanto, o fato de ser uma estratégia perfeitamente oposta à do projeto regional significa que ela não deixa de ter seus pontos fracos; apenas apresenta outros bem diferentes.

A própria definição antecipa que o carro global ignora os gostos típicos de cada região. Para projetar um compacto, por exemplo, o fabricante deve selecionar alguma referência inicial dentre os carros que já têm sucesso comercial comprovado. Assim, sempre haverá um grupo de clientes mais favorecido do que outro. Fora isso, qualquer tentativa de agradar o público de um dado país vai diretamente de encontro à proposta básica: o fabricante precisaria fazer investimento local e voltaria a se aproximar da ideia do projeto regional.

Além disso, o carro global precisa ser projetado de modo a atender a vários padrões de segurança ao mesmo tempo. O resultado é um nível de qualidade elevado, sem dúvida, mas que acarreta custo de produção também alto – o modelo se torna menos competitivo do que a concorrência no mercado regional. Por último, há a centralização das operações: as filiais ficam com menos espaço para crescer e ganhar proeminência nas atividades de grande proporção da matriz. Isso diminui as oportunidades que o fabricante cria no país.

Em linhas gerais, o projeto global é uma excelente aplicação do conceito de economia de escala: reduz o custo de desenvolvimento e a ociosidade das fábricas porque permite repartir a produção entre elas. O problema é que tal característica acaba lançando-a a um paradoxo: o benefício da economia de escala surge quando o volume de produção é alto e padronizado. Porém, quanto mais padronizado for, menos consegue atender o público de diferentes países. Na prática, essa otimização não é alcançada porque barra a si mesma.

Levando tudo isso em consideração, o mundo dos carros chegou a uma espécie de equilíbrio após tantos anos de experiência: o projeto regional traz melhores resultados nas categorias de entrada do mercado, como a do Hyundai HB20, e fica cada vez mais propenso a fracassar à medida que se avança aos carros de luxo, onde a preferência é por projetos globais como o do Mercedes-Benz Classe S, por exemplo. Nas categorias intermediárias, é comum ver casos dos dois projetos, como as minivans Chevrolet Spin e Renault Scénic.

Em poucas palavras, a experiência explica que os clientes mais abastados dão prioridade à qualidade geral e, principalmente, à imagem trazida por esse padrão internacional. Por outro lado, aqueles que têm um orçamento mais modesto preferem modelos projetados para a sua região porque seus fabricantes conseguem agradar suas preferências de maneira específica e com o menor custo possível. Essa é a linha de raciocínio com que a maioria dos fabricantes trabalha na hora de estender as suas operações a uma nova região.

Associações

As interações entre os fabricantes de carros mudaram muito com o passar do tempo. Antigamente, a absorção era comum: um grande comprava outro menor e aproveitava toda a sua infraestrutura com a marca própria para fortalecê-la. Ao longo de décadas, essa prática ajudou a transformar o mercado mundial de uma variedade de marcas e origens para o domínio de poucas empresas que se tornaram verdadeiros conglomerados. Alguns exemplos são Daimler, General Motors, Toyota, Volkswagen e Stellantis, fundada recentemente.

É preciso notar, contudo, que vários dos nomes acima englobam grupos de marcas. Nos últimos anos, mesmo as marcas de pequeno volume de vendas vêm merecendo atenção dos fabricantes porque são muito úteis no trabalho de imagem; conseguem ajudá-lo a transmitir publicamente mensagens como a de que está se reinventando ou lutando para atingir a excelência em um nicho de mercado. Hoje, é comum que uma empresa compre a outra preservando a sua marca, assim consegue transformar um concorrente forte em aliado.

O termo inglês *joint-venture* se refere a qualquer tipo de associação entre fabricantes e, justamente por ser tão flexível, já virou grande aliado nessa indústria. Entretanto, tamanha flexibilidade também gera seus problemas: a imprensa especializada tem o costume de comparar *joint-ventures* a casamentos porque podem prosperar ou fracassar com a mesma probabilidade. Tudo depende de como são os parceiros no começo da união e de como eles agem no decorrer dos anos, seja na fartura ou na época de tomar decisões difíceis.

A situação ideal é que as empresas envolvidas complementem uma o trabalho da outra, assim podem atrair mais compradores em conjunto sem ter conflitos internos. Os problemas começam a surgir quando uma está em condição muito pior do que a outra e quando uma tenta ser mais proeminente do que a outra porque elas passam a ter motivos para competir em vez de colaborar. Tal condição deve ser revertida o quanto antes porque começa a prejudicar o trabalho das duas cada vez mais e repercute na imagem frente ao público.

O primeiro nível de uma associação entre fabricantes é compartilhar componentes; um compra as unidades do outro explicitamente para utilizar nos seus carros ou eles abrem uma fábrica juntos para produzi-lo. Peugeot e Renault são concorrentes antigos, mas formaram uma parceria assim no Brasil: a primeira precisava equipar seu 206 com motor 1.0 para agradar seu público-alvo mas não poderia esperar o tempo para preparar um próprio. Acabou comprando unidades do motor que já era usado no Clio, seu concorrente direto.

No nível seguinte, compartilha-se carros inteiros. Sua característica mais notável é uma contradição: cria-se um carro que será vendido como dois (ou mais). O desenvolvimento do produto é unificado mas o trabalho com a imagem redobra porque ele deve se integrar à linha de produtos de cada fabricante. Cada caso varia muito, mas é comum que os fabricantes tenham que investir em desde pequenos retoques de estilo até mudanças no comportamento dinâmico. Ainda assim, a experiência mostra que não há fórmula certeira nisso.

Essas associações são as mais simples e comuns. Os compartilhamentos vistos barateiam o projeto às custas de torná-lo menos desejável pelo público. Na prática, os fabricantes procuram conciliar o refinamento de imagem com o lucro que precisam e podem obter. O Dodge Attitude, sedã subcompacto, foi gerado com a simples troca de logotipos do Mitsubishi Attrage. Já a minivan Dodge Caravan foi submetida a uma série de mudanças de estilo, acabamento e até processos de fabricação para dar origem à Volkswagen Routan.

O terceiro tipo de associação é mais complexo porque vai além da cessão de produtos: consiste em os fabricantes criarem a parceria primeiro e desenvolverem produtos depois, juntos desde o início. Seu fruto mais comum é o carro inteiro projetado para tal compartilhamento: na prática, ele tem design leve o suficiente para receber as particularidades de cada fabricante sem prejuízo estético e parte mecânica com uma mistura de componentes de um e de outro e que possa ter o comportamento dinâmico calibrado de várias formas.

Antes da Stellantis, os grupos Fiat e PSA fundaram a Sevel para produzir principalmente vans comerciais: um projeto de cada tamanho que gerou modelos para todas as marcas das parceiras. Vários anos mais tarde, a Fiat se associou à General Motors para construir a plataforma SCCS, ou seja, uma base que poderia ser adaptada a diferentes tipos de carro com maior liberdade e autonomia. Ao longo dos anos 2000, esse projeto gerou desde o Alfa Romeo MiTo, compacto de proposta esportiva, até a Opel Meriva, minivan familiar.

Carros de projeto híbrido podem ser muito integrados à linha de cada fabricante, mas é fácil que a complexidade do projeto dispare e, com ela, o custo. Quando os fabricantes desejam firmar um compromisso de longo prazo, há vezes em que avançam mais um passo e unem as empresas, não apenas os produtos. Costumam começar com uma pequena compra de ações e avançam até unificar departamentos e tornar-se uma só empresa. O processo é diferente do dos anos 1960 porque dá prioridade à preservação das marcas.

Como não se trata de uma operação simples, os fabricantes interessados entram em negociação por um longo período e, às vezes, começam a trabalhar juntos em algum dos níveis anteriores em um período de teste. Quando essa união dá certo, a empresa resultante já nasce com uma grande participação de mercado, portanto pode juntar o melhor de cada empresa de origem para desenvolver carros melhores e oferecê-los em mais países sem custo excessivo. Contudo, é fácil entender que esse cenário nem sempre se alcança.

Ford e Volkswagen fizeram um processo similar no Brasil na década de 1980. Chamada de Autolatina, a união começou com troca de motores e evoluiu para troca de modelos e de projetos à medida que os setores administrativo e de vendas se unificavam. Porém, os carros com projeto conjunto não venderam bem e as discordâncias começaram a acumular: estavam no papel de cada lado, na colaboração para criar novos projetos e no relacionamento com as respectivas matrizes. A associação foi dissolvida em cerca de oito anos.

Pode-se concluir que a associação de dois concorrentes é arriscada em qualquer nível porque cria um conflito de interesses: quando não é total, leva-os a competir em partes e colaborar em outras. O motivo real pelo qual vários fabricantes recorrem a essa estratégia até hoje é a pura necessidade. Eles procuram unir forças para acumular recursos e continuar criando carros capazes de acompanhar as tendências do mercado, que ficam cada vez mais exigentes.

Ciclo de vida

Um automóvel moderno é planejado de forma meticulosa até o último detalhe. Os fabricantes procuram antever todas as situações pelas quais ele pode passar ao longo do ciclo de vida, seja boas ou ruins, para traçar as estratégias aplicáveis. Uma parte importante de todo esse trabalho é dedicar como o carro vai resistir ao passar do tempo: o fabricante deve estimar como ele será visto pelo público e pela concorrência para traçar um cronograma de possíveis ações a tomar visando mantê-lo competitivo pelo maior tempo possível.

Neste contexto, o ciclo de vida de um projeto começa quando se lança um carro inteiramente novo ou quando um nome estabelecido alcança uma geração nova – como comenta o capítulo de design e marketing, essas são as oportunidades que o fabricante mais aproveita para executar as maiores evoluções. Enquanto a imprensa especializada e o público ficam com grande expectativa, o fabricante mergulha em apreensão porque fez um investimento altíssimo cujo retorno vai aparecer em um ritmo que só os anos vão determinar.

Um carro recém-lançado dificilmente é vendido com descontos. Fabricante e revendedor investiram em sua produção e divulgação há pouco tempo, então procuram maximizar o retorno que trará com as vendas. Além disso, como se trata de um produto novo, eles podem aproveitar o sabor de novidade: vários convidam os compradores interessados a formar uma lista de espera oficial, quase sempre oferecendo benefícios de compensação, para aproveitar a demanda elevada e os destaques na imprensa pelo maior tempo possível.

Depois dos primeiros meses, a situação se estabiliza. As filas de espera diminuem; qualquer cobrança de ágio que havia se extingue; a fábrica encontra o volume de produção ideal e o adequa quanto à necessidade de espaço e turnos de trabalho; e as concessionárias começam a formar estoques. A imprensa especializada faz sua parte publicando avaliações individuais e comparativas e o carro aparece cada vez mais na rua. O status de novidade de antes acaba e o carro alcança o ritmo de vendas que manterá pelos próximos anos.

Nada disso significa, porém, que o ciclo de vida entra numa fase calma. É comum que os fabricantes de modelos rivais escolham as datas de lançamento de maneira a distrair atenção do concorrente. Além disso, o uso das redes sociais está cada vez mais intenso: se o carro for lançado com algum defeito grave ou simplesmente chamativo, isso vai ser compartilhado e vai virar conhecimento público em pouco tempo – isso era papel da imprensa especializada até alguns anos atrás, mas hoje também se faz por muitas pessoas comuns.

Por mais que o modelo tenha qualidades e as preserve ano após ano, a concorrência não deixa de se renovar e a imprensa dá atenção às novidades. Concessionária e fabricante desejam manter os índices de venda em alta, então a primeira passa a flexibilizar suas negociações e a incluí-lo nas promoções e o segundo inicia os planos de uma atualização parcial como as que o capítulo de design e marketing apresenta. As bem-feitas até devolvem o status de novidade àquele carro, mas sempre por menos tempo do que antes.

Em teoria, o projeto avança para a fase final do seu ciclo de vida. Já sofreu todas as atualizações programadas e, no mínimo, recuperou o investimento inicial. A escolha mais natural de próximo passo é o desenvolvimento de um substituto totalmente novo, mas isso nem sempre acontece na prática: às vezes, o fabricante precisa lançá-lo em pouco tempo, não tem capital suficiente para tal projeto ou prefere investir em outros naquele momento. Essas são as situações em que o fabricante decide estender o ciclo de vida do projeto atual.

As ações mais observadas nesse cenário são de retirar equipamentos de fábrica, simplificar a lista de versões e até mesmo aplicar retoques na carroceria para baratear seu processo produtivo. Em linhas gerais, o fabricante entende que aquele modelo terá cada vez menos prestígio no mercado, então deixa de contar com ele e passa a barateá-lo para atrair pela relação custo/benefício. Como se pode imaginar, essa estratégia é comum em populares: o Renault Clio de 1998, por exemplo, durou até 2012 na América Latina por isso.

Também é fácil deduzir que essa estratégia não tem um grande potencial de sucesso. Ela mostra claramente que o carro se tornou menos desejável sob vários pontos de vista, então é compreensível que ele acabe sendo duramente criticado pela imprensa e, mais tarde, pelo público. Ele deixa de aparecer nas propagandas e no salão das concessionárias e se vende sempre com promoções; em outras palavras, vira um simples meio de transporte. Quanto mais tempo o fabricante passa usando essa estratégia, menos retorno ela traz.

É importante recordar que o esquema mostrado aqui representa o comportamento padrão quanto às fases do ciclo de vida mas não quanto à sua duração: há casos em que essas fases se comprimem em poucos anos e outros em que se estendem por décadas. Carros de luxo, por exemplo, trocam de geração cada vez mais rápido para receber as últimas tecnologias; esportivos ficam na mesma geração do começo ao fim para fortalecer a imagem; e carros de baixo custo costumam ser desenhados para durar muito no mesmo projeto.

Por que tudo isso importa ao consumidor? Primeiro, para entender que o ciclo de vida varia muito de um carro para outro e que isso não é necessariamente ruim: a questão é como o fabricante trabalha ao longo dele para manter o carro atraente. A relação entre carro e usuário é individual, portanto é possível afirmar que haverá clientes em potencial para o carro em qualquer fase. Enquanto o fabricante trabalha para conquistar o máximo possível deles, eles devem pesquisar as opções disponíveis e ver qual realmente lhes agrada.

Outro passo importante neste processo é não deixar-se levar por falas de senso comum e chavões de propaganda. Comprar um modelo recém-lançado, por exemplo, é arriscado quando se pensa que sua recepção no mercado ainda é desconhecida. Os que estão por sair de linha, por sua vez, podem ser boas compras para quem quer um simples meio de transporte para o cotidiano. O mercado de hoje tem tantas opções disponíveis que quase sempre é possível encontrar modelos em todas as etapas do ciclo de vida para comparar.

Entender como o ciclo de vida de um carro funciona ajuda o público a estimar o que se pode esperar dos próximos anos quanto a possíveis melhorias de conteúdo e à sua permanência no mercado. Tudo isso tem influência direta em como será sua revenda nos próximos anos: quanta desvalorização terá, como será a disponibilidade de unidades e até como ficará a manutenção no pós-venda. É mais uma ferramenta para a escolha do melhor momento de comprar.

SERVICE ENTRANCE - CLEARANCE 12' 3"

Entorno

Todo e qualquer trabalho executado por um fabricante de carros acontece no território de um ou mais países e, por causa da globalização, implica interagir constantemente com os demais. Sendo assim, não se pode falar que o único foco do fabricante é seu público consumidor: ele também precisa interagir com o governo dos países onde opera e com o mercado mundial para efetuar suas compras e vendas. Como se pode imaginar, tudo isso também influencia como será a oferta de marcas e modelos e a quais preços eles virão.

Um objeto de adoração comum entre entusiastas de carros é ver cada vez mais fabricantes instalar fábricas em seu país. Uma razão disso é o simples patriotismo, que lhes faz desejar ver seu país em situação de certa supremacia, e outra é um interesse nos benefícios que isso pode trazer: o fabricante assume um compromisso profundo com o país, portanto é de se esperar que melhore seus serviços pós-venda e invista ainda mais na linha de modelos local. Contudo, é preciso entender que o caminho para isso nem sempre é fácil.

A decisão de instalar uma fábrica é complexa. O fabricante precisa estimar a necessidade real disso, pesquisar possíveis lugares e entrar em contato com os governos locais para conhecer o processo que iriam encarar. Como as fábricas provocam um impacto positivo na economia local, é comum que os governos disputem sua escolha concedendo incentivos de vários tipos, como isenção de impostos e oferta de área útil a preço mais baixo. Tudo isso se torna mais uma variável a estudar na hora de decidir onde ficará a fábrica nova.

Um dos motivos da formação de blocos econômicos é a criação de acordos para facilitar o comércio de produtos entre os países em questão. Isso é importante para os fabricantes porque lhes permite traçar estratégias por bloco: no Mercosul, por exemplo, o Brasil tem público maior do que a Argentina. É comum que os fabricantes produzam carros de entrada no primeiro e sofisticados no segundo para minimizar os custos com transporte: os que vendem mais unidades ficam mais perto da maior porção do seu público consumidor.

Assim como a parceria entre dois ou mais países é benéfica para o setor, eventuais animosidades o atrapalham. Países sem qualquer acordo de cooperação econômica geralmente aplicam impostos de importação elevados e sofrem o mesmo com suas exportações. Isso incha o preço final dos carros de modo a prejudicar sua competitividade e ainda desestimula o fabricante de instalar uma fábrica no tal país porque o cenário mais provável é que tampouco possa exportar de forma viável. O "Brexit" vem se tornando um exemplo disso.

A população local é outro fator influente, mas aqui surge um caso de troca. O fabricante vai se instalar onde a mão-de-obra disponível atender as suas necessidades: numerosa no caso de uma fábrica e menor mas mais qualificada quando a intenção é fundar um centro de design ou de pesquisa. Sua chegada beneficia a sociedade local através da demanda por vários serviços mas, quando as operações correm bem, a empresa procura investir dando apoio às universidades locais e criando ou incentivando projetos socioeconômicos.

Em países emergentes, os fabricantes instalados há mais tempo fundam instituições dedicadas a trabalhos sociais de vários tipos, às vezes com alcance nacional. A divisão norteamericana da Stellantis estimula o interesse das crianças promovendo concursos de design amador baseados na sua linha de produtos atual. Outro exemplo de colaboração com o entorno é da Škoda, que mantém uma escola de design que produz os projetos dos alunos como carros-conceito.

Passando aos fatores de ordem econômica, a matéria-prima era muito influente no passado: o fabricante sempre preferia se instalar onde tivesse acesso abundante aos recursos necessários. Isso mudou bastante graças à globalização: o comércio ao redor do mundo está cada vez mais fácil e competitivo. Matéria-prima só se torna um problema em casos extremos, como o de aumento brusco de preço ou alguma greve que interrompa o fornecimento. Ambos casos, no entanto, provocam crises econômicas que abalam o país inteiro.

Hoje, o fator mais influente é a globalização. Por mais que o fabricante produza um carro em vários países, há peças específicas que vêm de um só por motivos variados. Assim, sempre há uma parte do carro que usa componentes importados e, em consequência, depende da flutuação da economia como a variação cambial entre as moedas de ambos países. O fabricante deve estar preparado para o caso de uma crise econômica afetar tal variação bruscamente, senão isso pode causar um aumento súbito no preço final do carro.

Envolvendo a política outra vez, o quadro de impostos de cada país é uma ferramenta até perigosa, não somente influente, porque pode variar rapidamente. Qualquer plano do fabricante requer tempo para entrar em prática, portanto o país que mude de política fiscal rápido demais simplesmente deixa de ser confiável. Exemplo típico disso foi o Brasil na época da reabertura das importações: o governo usou impostos para controlar a demanda mas os mudava tão rápido que prejudicou os planos de vários fabricantes e importadores.

Como a questão dos impostos varia muito entre um país e outro, volta e meia surge um caso curioso. Os Estados Unidos, por exemplo, aplicam a *chicken tax*: uma alíquota de 25% aplicada sobre carros comerciais leves europeus, entre outros artigos, como resposta à medida similar que fora aplicada pelos países europeus ao frango norteamericano. A Índia, por sua vez, classifica os impostos dos carros pelo comprimento: a menor alíquota se aplica a carros menores do que quatro metros sem depender de qualquer outra variável.

Naturalmente, os fabricantes buscam artifícios para desviar desse problema. Nos EUA, já houve casos de vans importadas na versão de passageiros para serem transformadas em furgão localmente antes da venda. Na Índia, há modelos exclusivos que acabam tendo estilo de gosto questionável para respeitar os quatro metros. Já no Brasil, houve casos de modelos lançados ou descontinuados de última hora, motores com potência reduzida e carros com quantidade de vendas limitada. A esperteza dos fabricantes é grande.

Este texto mostra outro grupo de razões pelas quais um fabricante toma medidas que, a princípio, parecem sem sentido. Na prática, o desejo do público é sempre adquirir o maior conteúdo pelo menor custo possível, mas isso é difícil de alcançar e o caminho pode mudar a qualquer momento. Os fabricantes precisam manter sua oferta sempre atraente enquanto trabalham em um ambiente que sempre se transforma, então é natural que precise planejar e replanejar seus trabalhos de desenvolvimento, produção, divulgação e vendas.

UNLEADED
LEADED

Marcas

No mundo dos carros, o trabalho com marcas é uma parte fundamental do gerenciamento de imagem que um fabricante deve fazer. Em linhas gerais, consiste em uma empresa fundar e mostrar ao público múltiplas imagens, ou seja, divisões da sua linha de produtos de acordo com diferenças de tipo, tamanho e/ou preço. A intenção é tentar conquistar clientes de vários perfis a partir da especialização no que cada perfil procura. A prática, porém, requer operações muito complexas e nem sempre é compreendida pelos consumidores.

O texto de Associações deste capítulo mostra que os fabricantes percorreram um longo caminho nesse aspecto. Os casos de compra e venda eram sempre completos, ou seja, o fabricante vendido tinha sua imagem inteiramente encerrada pelo comprador. Com o passar do tempo, os fabricantes perceberam a importância de cada marca e passaram a não só preservar as existentes como também a fundar outras novas. Esta normalização do trabalho com marcas fez várias mudanças na dinâmica da relação entre o fabricante e o público.

Décadas atrás, cada fabricante procurava se especializar em um determinado segmento de mercado, como fora-de-estrada ou de luxo. Embora isso tenha fortalecido sua imagem, virou uma limitação à medida que o mercado ficava mais competitivo. A solução de um fabricante comprar outro bem diferente é interessante à primeira vista porque traz um aliado. Contudo, essa mudança de dono sozinha cria redundâncias internas que diminuem a produtividade: sempre é necessário que haja certo nível de integração entre as marcas.

Os fabricantes sempre procuram a sinergia: neste caso, significa alcançar o maior número de compradores minimizando a concorrência que possa haver entre os modelos de cada marca. Para isso, é preciso investir principalmente na proposta de cada marca; mostrar um propósito claro e independente do das demais marcas daquele fabricante. Essa diferenciação é muito importante para evitar que o público tenha a impressão de que o fabricante está oferecendo os mesmos produtos apenas com equipamento e preço diferentes.

Uma marca bem trabalhada vai muito além de elementos visuais como o logotipo. Ela representa a aparência da empresa, o perfil de cliente que busca agradar, a forma de se dirigir ao público, o tipo de carro que produz e como o vende. O grupo Volkswagen, por exemplo, trabalha com SEAT, Škoda e Volkswagen no mercado generalista mas procura especializar cada uma através do estilo, das versões de acabamento e do marketing: a primeira tem perfil mais esportivo, a segunda se volta à praticidade e a terceira foca na tecnologia.

Diferenciar a aparência requer um uso intensivo de design gráfico. Logotipos, paleta de cores, seleção de fontes, decoração de loja, programação do site, postagens nas redes sociais, cenário das fotos de divulgação... tudo precisa ser finamente planejado para enviar a mesma mensagem, ou seja, fortalecer a imagem da marca na visão do consumidor. Ao mesmo tempo, é importante definir bem seu público-alvo para projetar carros que lhe sejam realmente atraentes e, de quebra, não compitam com os modelos das marcas parceiras.

Embora tudo isso seja um trabalho belíssimo e cheio de possibilidades, é fácil deduzir que sai caro porque, em poucas palavras, é a ideia de uma empresa se multiplicar em várias perante seu público. Quanto mais operações mantiver em paralelo, como redes de oficinas e concessionárias, estratégias de marketing ou mesmo fábricas inteiras, maior é o custo geral e menores são as chances de a empreitada das múltiplas marcas prosperar. A solução é, justamente, o caminho contrário: unificar o trabalho das marcas ao máximo.

Os capítulos anteriores mostram que é possível desenvolver um projeto de carro prevendo diversas versões de carroceria, conjunto motriz e nível de equipamento; o conceito de plataforma modular é um grande aliado nisso porque permite que essas versões compartilhem muitas peças. Em paralelo, as concessionárias podem vender modelos de várias marcas do mesmo fabricante, assim aproveitam mais o seu espaço de exposição e a capacidade da oficina e ainda ficam preparadas para captar mais compradores em potencial.

A princípio, as noções vistas até aqui parecem muito plausíveis. Porém, você percebe que são opostas? Investir em diferenciação e unificação são como caminhar rumo a norte e sul: cada passo avança em uma direção enquanto regride na outra. Considerando que o primeiro extremo gera custo excessivo e o outro prejudica a imagem da empresa, a experiência força o fabricante a trabalhar com o ponto intermediário que mais produtivo lhe seja. Como se pode imaginar, encontrar esse ponto é praticamente um trabalho de Hércules.

Ao longo das décadas, houve muitos erros e muitos acertos. Até os anos 1990, os fabricantes norteamericanos tinham uma interpretação própria das marcas: serviam como níveis de acabamento para um mesmo modelo. Os europeus, por sua vez, utilizavam o mesmo projeto para gerar carros com diferenças principalmente visuais, um para cada marca. Já os japoneses seguiram o caminho contrário por muito tempo: seus maiores trabalhos neste aspecto começaram nos anos 1980, com subdivisões de luxo como Acura, Infiniti e Lexus.

Toda essa experiência permitiu observar algumas tendências no comportamento do mercado: o trabalho de várias marcas será próspero quando for diferenciado frente ao público e unificado frente ao fabricante. Em outras palavras, o ponto intermediário mais provável de tornar as marcas rentáveis é o que as diferencia principalmente na imagem, em tudo com o que o público interage diretamente, enquanto os componentes mecânicos são desenhados com o máximo de compartilhamento para gerar lucro com a economia de escala.

Nos últimos anos, os fabricantes vêm se esforçando para fazer cada marca proporcionar uma experiência individual ao consumidor; isso passa por aspectos do próprio carro, como design, acabamento e comportamento dinâmico, mas também por outros do seu entorno como a imagem da concessionária, a presença digital do fabricante c o padrão de atendimento. Em geral, as marcas esportiva e de luxo de um dado fabricante são as que mais recebem atenção neste aspecto porque costmuam ser as que mais dependem da imagem.

Antigamente, o trabalho de um fabricante com marcas causava desconfiança, principalmente quando gerava carros com semelhanças de visual e diferenças de preço. Hoje, o público tem mais acesso à informação e o trabalho do fabricante ficou mais elaborado do que nunca. Tudo isso torna a oferta cada vez mais específica e capaz de captar o consumidor com mais transparência, mesmo que não tenha intenção imediata de compra e criar uma relação mais duradoura.

DY 18 KJ GP

Montagem

Décadas atrás, cada fabricante tinha uma participação pequena no mercado e, em geral, restrita à sua própria região. Assim, era fácil para ele concentrar todas as suas atividades. Essa situação mudou rapidamente à medida que a globalização se intensificou: o mercado ficou mais competitivo, os fabricantes precisaram procurar soluções novas para continuar perseguindo seus objetivos e tudo isso trouxe o redesenho de diversas partes do processo de criação e venda dos automóveis. Sua origem, em um sentido mais amplo, é um deles.

De acordo com o que o livro comentou até aqui, a produção local tem imagem positiva porque envolve o orgulho nacional da população. Além disso, o fabricante tem liberdade para adaptar o carro às preferências locais tanto quanto seja necessário. O maior problema é que ela também requer um investimento inicial alto cujo retorno só será conhecido de fato com o tempo no mercado. Há momentos em que o fabricante não dispõe dos recursos necessários para executar tal empreitada – ainda mais em casos particularmente exigentes.

No Brasil, o termo "tropicalização" se refere à tarefa de adaptar um carro estrangeiro às necessidades locais. Além de gostos como estilo esportivo e cores externas sóbrias, ele inclui maior capacidade para o ar-condicionado, visando contemplar as temperaturas elevadas, e suspensão mais resistente para suportar a condição precária de rodagem. Tudo isso acarreta o reprojeto de alguns componentes do modelo e encarece sua produção, mas é um mal necessário para dar-lhe possibilidades justas de prosperar no mercado nacional.

O caso contrário era a importação, ou seja, trazer o carro pronto de outro país. Aqui, a maior vantagem é a flexibilidade: o fabricante pode usar instalações menores no país de destino e manter a linha local automaticamente sincronizada com a da matriz. O problema é que isso gera um fluxo de capital local para fora, o que costuma ser fortemente regulado: os impostos de importação são altos ao ponto de diminuir sua competitividade no mercado. Na prática, os modelos importados acabam tendo o seu potencial de vendas restringido.

Assim como em vários aspectos do automóvel, a passagem do tempo também foi benéfica aqui através de abrir novas possibilidades. Uma muito antiga e comum é terceirizar a produção de alguns componentes. Bancos, freios, luzes, rodas, sistema de som e vidros, por exemplo, são projetados pelo fabricante do carro, ao menos em parte, mas sua produção é encarregada a empresas especializadas. Essa estratégia eleva o nível de qualidade do carro mas requer firme controle do fabricante quanto à logística de todas essas peças.

Antigamente, a sequência mais comum era de os fabricantes desenharem os carros e solicitarem aos fornecedores peças conforme as suas especificações. Como essa terceirização tem trazido muitos resultados positivos, os fornecedores passaram a tomar a frente em alguns casos: usam seu expertise para desenvolver tecnologias novas e as dispõem para encomendas dos fabricantes. Transmissões, por exemplo, são utilizadas por modelos de vários fabricantes.

Outra estratégia comum envolve o carro inteiro, não somente os seus componentes: trabalhar com sua montagem. Mais especificamente, produzir suas peças em um país e levá-las para a montagem em outro, onde ele também será vendido. Aqui, é comum empregar o termo inglês *knocked down*, geralmente abreviado em siglas: uma começa com *completely*, a CKD, e significa mandar as peças soltas ao país de destino. Já a SKD começa com *semi* e representa a opção de mandar alguns componentes já montados ao outro país.

Estas estratégias podem ser vistas como um ponto intermediário entre a produção nacional e a importação. O fabricante pode erguer uma fábrica no país de destino com infraestrutura menor e, portanto, investimento também menor. A produção de componentes específicos pode ficar na fábrica matriz e liberar as filiais para trabalhar com tarefas mais simples e que demandem mão-de-obra mais acessível.

A operação no país de destino se torna mais viável no começo e, ao mesmo tempo, ajuda a matriz a diminuir sua capacidade ociosa.

As fábricas que operam com os KD também têm a vantagem de auxiliar a empresa na relação com o país de destino: como se trata de uma empreitada local, com investimento em solo nacional e demanda por mão-de-obra, vários países permitem considerar o carro produzido ali como nacional quanto ao recolhimento de impostos: o problema do imposto de importação se converte em redução ou até mesmo isenção. O fabricante consegue praticar preços mais próximos da média do mercado e tem mais chances de vender bem.

Esse caminho é frequentemente seguido por fabricantes que estão começando a operar em um novo país. Começam somente com importações, geralmente focadas nos carros de maior valor agregado, e começam a produzir usando um regime KD quando percebem que há demanda suficiente por um modelo mais barato. A partir daí, se essa demanda realmente se cumpre e o modelo alcança vendas satisfatórias, o caminho se abre para operações de maior alcance: é quando o fabricante considera iniciar a produção local completa.

A produção brasileira deslanchou entre os anos 1950 e 1960 em parte graças a um programa de incentivos fiscais e em parte graças aos regimes KD. O mercado automobilístico do país estava ganhando impulso na época, então a demanda era crescente mas incerta: ainda não se sabia qual era o gosto local. Os fabricantes começaram apenas com a montagem e o governo lhes incentivou a produzir no país com metas crescentes de porcentagem de componentes. Essa foi a época em que Chevrolet, Ford e Volkswagen despontaram.

Um exemplo mais recente é o da Hyundai. Ela veio ao Brasil pela primeira vez nos anos 1990 estimulada pela reabertura das importações mas, como tantos outros, não conseguiu se destacar em meio à concorrência acirrada e ficou com vendas modestas. Ela deu início a uma nova fase formando parceria com a empresa nacional Caoa, que deu grande ajuda às suas importações com uma campanha de marketing agressiva. Mais tarde, tal sucesso influenciou a coreana a desenvolver a família HB20 com enfoque no mercado brasileiro.

Na prática, a decisão por importar carros, produzi-los localmente ou aplicar uma estratégia intermediária depende de diversos outros fatores porque influencia diretamente as finanças da empresa – por causa disso, cada caso é regido também por variáveis internas que fogem do alcance deste texto. O que se pode tirar de conclusão, no entanto, é que cada estratégia mencionada tem pontos fortes e fracos e, então, é usada em determinadas condições. O momento em que o fabricante usa cada uma ajuda a compreender seus planos.

Plataforma

Em uma indústria que trabalha com produtos extensamente planejados, medidos e testados de maneira cada vez mais detalhada e refinada, é no mínimo interessante que um dos componentes mais relevantes seja, na verdade, um conceito abstrato: a plataforma não é uma peça, como roda ou virabrequim, tampouco um sistema como freios ou suspensão. É comum confundi-la com a estrutura do carro mas essa ainda não e a definição ideal. Para compreender melhor o seu conceito, deve-se recorrer a partes da história do automóvel.

Os primeiros modelos eram projetados como um simples artigo mecânico qualquer: poucas peças com desenho customizado, processos industriais relativamente simples e postos à venda sem uma construção de imagem forte. Em tempos de pouca integração entre as cidades e os países, esse minimalismo permitia que qualquer um consertasse ou até reformasse um carro com nada mais que algum conhecimento e ferramentas simples. Foi a época em que modelos como o Ford T caíram no gosto das famílias e dos profissionais.

O que aconteceu depois é amplamente conhecido. O automóvel criou todo um mercado ao redor do mundo, com demanda cada vez mais sólida e competitiva. Os fabricantes sabiam que a única saída para não perder vendas era aprimorar seus produtos continuamente e não hesitaram em fazê-lo. Isso gerou um vaivém que estimulou o avanço rápido da indústria automobilística e, em seguida, ganhou a atenção dos governos para garantir que essas máquinas tão populares não descuidassem da segurança de usuários e pedestres.

Até meados dos anos 1950, a maioria dos carros era desenhada em projetos independentes porque era a estratégia mais intuitiva. A maior vantagem disso é a liberdade, pois era possível planejar cada carro pensando somente nas suas características e no seu público-alvo. Os norteamericanos ficaram famosos nessa época por causa da opulência geral, seja no tamanho ou nos motores, e pela prática de atualizar os modelos com frequência: havia alguns que mudavam de design, conteúdo ou mecânica literalmente uma vez por ano.

A barreira que realmente conseguiu parar esse desenvolvimento é muito conhecida: custos. Este livro já mostrou em outros capítulos que o padrão requerido pelo público subiu rápido e, às vezes, mais rápido do que o próprio público consegue acompanhar. Afinal, a indústria está sempre disposta a investir mais mas, para isso, precisa do retorno através das vendas. Isso a estimulou a repensar toda a estratégia de como se desenvolve um carro e isso a levou a focar no compartilhamento de peças para lidar com diversos problemas.

Hatchbacks, sedãs e peruas têm vocação urbana; SUVs e picapes têm outras demandas de uso, portanto têm concepção também diferente; cupês e conversíveis formam mais uma dupla porque são voltados à esportividade. Essas semelhanças quanto à proposta de uso conduzem a semelhanças nas necessidades a satisfazer com a parte mecânica, como preparo para motor grande, tração nas quatro rodas ou sua ausência para simplificar e baratear o conjunto. Foi o ponto inicial para trabalhar com componentes compartilhados.

Levando isso em conta, é possível entender a plataforma como a expressão concreta da estratégia de desenvolver um só projeto que dará origem a múltiplos modelos de carro. A imprensa especializada costuma fazer a analogia com a genética em uma família porque os carros que usam a mesma plataforma guardam algumas semelhanças. Decidir quanto disso preservar e quanto investir na individualidade de cada "parente" já foi um tópico de grande discussão nessa indústria, mas a experiência tem traçado algumas noções gerais.

Uma possibilidade é criar carros parecidos; mudam praticamente apenas o necessário de acordo com o estilo de carroceria. Algumas famílias chegam a compartilhar peças até as portas traseiras, então o fabricante minimiza sua capacidade produtiva ociosa, ganha com a economia de escala e ainda simplifica o trabalho para divulgar os novos modelos. Na prática, o público os interpreta como versões de um só carro; essa prática foi comum nos anos 1990, com exemplos como o primeiro Renault Mégane, mas logo mostrou problemas.

Para servir a tantas categorias ao mesmo tempo, o design deve ser simples e limpo, o que acaba tornando-o inexpressivo; isso pode se repetir no trem-de-força quando o projeto inclui categorias muito diferentes. Além disso, a experiência prática mostra que o trabalho de divulgação fica mais difícil porque há menos atributos individuais com os quais trabalhar para atrair mais clientes. Em resumo, o projeto que procura atuar em frentes demais acaba fazendo-o mal. Ainda na mesma década, os fabricantes buscaram o caminho oposto.

Esse caminho segue o mesmo conceito do trabalho com marcas em paralelo: usar a plataforma para modelos diferenciados na parte visual e semelhantes na mecânica. Sua produção encarece, é claro, mas os modelos ganham identidade individual e mais forte, portanto ficam mais atraentes. O grupo Renault-Nissan foi um belo exemplo disso nos anos 2000: sua plataforma de carros compactos foi usada em desde o Clio, desenvolvido com vocação esportiva, até o Duster, um crossover de baixo custo, e o Infiniti ESQ, compacto de luxo.

É fácil deduzir que a solução mais apropriada para trabalhar com plataformas seria intermediária às anteriores. Ela veio no início dos anos 2010 pelas mãos do grupo Volkswagen: a plataforma modular. Seu projeto se diferencia por considerar múltiplas configurações de alguns componentes como motor, suspensão, transmissão e tração; outros parâmetros, como a posição dos componentes na carroceria e a distância entre si, permanecem fixos. Em poucas palavras, uma plataforma modular oferece mais possibilidades independentes.

Um projeto dessa magnitude é mais custoso, naturalmente, mas pode ser aplicado em literalmente dezenas de modelos – serve para fabricantes grandes precisamente porque são aqueles que operam com linhas grandes o suficiente para torná-lo rentável. Uma vez que essa empreitada deu certo, outros fabricantes a seguiram e melhoraram seu conceito: hoje, é comum que o fabricante mantenha duas ou três plataformas modulares, no máximo, para separar apenas os modelos cuja proposta de mercado tem diferenças expressivas.

O conceito de plataforma já foi criticado por anular a imagem dos vários modelos de cada fabricante, mas essa época já passou. Nos últimos anos, os fabricantes vêm trabalhando e retrabalhando esse conceito continuamente para extrair o máximo do seu potencial. Um dos resultados disso, a plataforma modular, está tornando cada vez mais favorável a relação entre a vontade de aprimorar as características do automóvel e a necessidade de baratear sua produção.

VIC
ACM · 159

População

Uma das regras gerais para qualquer empresa é preservar uma boa comunicação com o público. A ideia de inovar e pesquisar novas soluções é sempre atraente mas, quando não entrega aquilo que os seus consumidores realmente procuram, perde relevância. No caso dos carros, os fabricantes ficam com uma tarefa ingrata porque inovações tecnológicas demandam investimentos altos mas, justamente por isso, costumam gerar um aumento no preço final que termina desestimulando parte do público de comprar os modelos novos.

Observar a reação do público aos lançamentos de carro ao longo dos anos permite entender alguns padrões. Há opiniões e preferências que mudam o tempo todo, como as tendências de estilo; outras que requerem tempo e várias estratégias complexas de ação, como a estrutura dos estilos de carroceria que temos hoje; e aquelas que ficaram muito rígidas, como a quantidade de rodas ou o arranjo dos assentos na cabine. Os fabricantes fizeram vários experimentos ao longo dos anos e aprenderam muito com seus erros e acertos.

Tendências de estilo estão relacionadas ao comportamento das sociedades; suas mudanças são lentas, mas podem ocorrer a qualquer momento – por isso, os fabricantes costumam ter dificuldades para acompanhá-las. Já os padrões construtivos dos carros vêm de testes numerosos e da simples experiência: mudar a quantidade de rodas, por exemplo, prejudicaria a segurança ou acarretaria custos excessivos; modificar o arranjo dos assentos forçaria mudanças incomuns no desenho externo da carroceria e assim por diante.

Passando aos casos intermediários, a população já exerceu muita influência através dos seus gostos. Europeus gostam dos sedãs apenas no mercado de luxo; brasileiros adoram visual esportivo em vários modelos; norteamericanos são fãs de longa data de picapes e SUVs; franceses têm uma rara preferência por hatchbacks de luxo; australianos adoram picapes derivadas de sedãs... para o fabricante, respeitar esses gostos representa um compromisso grande.

Outro aspecto importante é a necessidade. A Índia, como o livro já comentou, tem vários modelos com design de gosto duvidoso por conta da estrutura de impostos baseada no tamanho; o Japão criou o nicho dos carros *kei* após a Segunda Guerra para estimular a recuperação econômica local; carros grandes são comuns nos Estados Unidos porque o país sempre teve acesso a combustível barato; europeus, por sua vez, são fãs de carros de alto desempenho porque, em grande parte, têm uma tradição de décadas com competições.

Por último, vale comentar os casos em que o fabricante procura satisfazer gostos e necessidades ao mesmo tempo. No Brasil, a iniciativa de dotar carros urbanos de alguns equipamentos próprios de carros fora-de-estrada, geralmente chamados pseudo-aventureiros, caiu no gosto do público por causa do design mais vistoso e imponente (questão de gosto) e porque aumenta a resistência ao trafegar em pisos irregulares (necessidades). Situações como esta são raras mas, quando acontecem, têm sucesso praticamente garantido.

A Renault, por exemplo, trabalha na Europa dedicando a marca principal a carros de relativo requinte e a Dacia à parte do mercado orientada aos custos. Nos países emergentes, a primeira marca desagradava pelos preços elevados e a outra seria considerada espartana demais. Nestes últimos, a solução adotada foi mista: a empresa oferece carros Dacia nas categorias de entrada e Renault nas mais caras. Isso lhe permitiu atender melhor cada uma e trouxe um grande aumento de vendas em especial em Brasil e Rússia.

Caso oposto foi protagonizado pelos Estados Unidos durante a crise do petróleo. O consumo de combustível elevado inviabilizou o uso dos carros com os quais o público estava acostumado, então os fabricantes precisaram recorrer a outros menores. O problema é que os primeiros destes fugia tanto do padrão anterior que sofreram rejeição – o gosto negligenciado se sobrepôs à necessidade. Os carros compactos só tiveram alguma aceitação naquela região quando os fabricantes apresentaram carros de proposta menos radical.

Nos últimos anos, a influência da população sobre as atividades dos fabricantes ganhou uma dimensão nova: a internet. No começo, as primeiras páginas mais elaboradas disponibilizavam a função de configuração virtual, em que o usuário navegava pelas opções para montar a que lhe agradasse. Mais tarde, estabeleceu-se também a compra online com retirada na concessionária. Tudo isso dá espaço para que os interessados analisem com calma e, em consequência, deixa-os mais seguros do processo e mais propensos a comprar.

Mais tarde, a entrada dos fabricantes nas redes sociais melhorou sua relação com o público porque os deixou mais próximos. Quando um fabricante busca mesmo fazer um bom trabalho nesse aspecto, realiza pequenos eventos, divulga informações históricas a título de curiosidade e faz postagens periódicas mesmo que seja meramente para mostrar fotos dos seus carros. São ações de baixo custo e pequeno alcance mas que mostram interesse nesse tipo de interação e ainda deixam a marca na memória das pessoas por mais tempo.

Um caso ainda mais recente de relacionamento com o público a partir da internet é a realização de eventos. Antigamente, os salões eram realizados nas grandes cidades com toda a pompa e circunstância porque, em tempos de acesso escasso à informação, eram a maneira mais impactante de um fabricante mostrar as novidades ao público. Entretanto, o passar do tempo criou uma competitividade tal que era preciso investir cada vez mais no seu estande para chamar atenção. O custo para participar dos salões se tornou excessivo.

No final da década passada, alguns fabricantes tomaram a frente e trocaram a participação nesses eventos pela realização de outros privativos: estes podem ter tamanho e custo que o fabricante preferir e não dividem atenção com concorrentes. Em 2020, a crise mundial de saúde causou outro impacto grande, afinal os salões tradicionais aglomeram muita gente. O costume mais recente é de um fabricante planejar eventos online ao vivo para seus lançamentos e divulgá-los extensivamente em suas redes sociais e através da imprensa.

O texto com o qual este capítulo termina mostra que os fabricantes demoraram, mas finalmente começaram a ouvir a voz do público como ele merece. Os canais de interação apresentadas aqui dão ao fabricante informação clara e atual sobre como seus produtos estão sendo recebidos de fato. Esse grande avanço rumo à transparência permite que ele entenda melhor o que deve oferecer para cada tipo de cliente e incentiva este último a conhecer melhor a oferta disponível e quais são suas possibilidades para fazer uma boa compra.